Le Grand Livre des blagues d'écoliers

François JOUFFA & Frédéric POUHIER

Le Grand Livre des blagues d'écoliers

TUT-TUT

Des mêmes auteurs, aux éditions Tut-tut

Les meilleures blagues d'écoliers, 100 % Ouin-Ouin, Toto, Marius et Olive

Les meilleures blagues d'écoliers, Toto, Monsieur et Madame, Paf le chien, blondes, Belges…

Pas de bras, pas de chocolat, et 400 autres répliques cultes du cinéma

Un fou rire par jour ?
Inscrivez-vous sur le blog **tut-tut**
et recevez une histoire drôle par jour,
pour bien commencer la journée !
www.tut-tut.fr

Achevé d'imprimer en septembre 2013
sur les presses de Pollina-L65741
Imprimé en France
Dépôt légal : septembre 2013

Illustrations © : Jak et Fotolia (p. 24, 59, 71, 140, 209, 287)
Malgré tous nos efforts, nous n'avons pas pu entrer en contact
avec l'illustrateur. Qu'il n'hésite pas à se manifester : info@tut-tut.fr
Conception graphique : François Warzala

17, rue du Regard
75006 Paris – France

info@tut-tut.fr
ISBN : 978-2-36704-015-8

INTRODUCTION

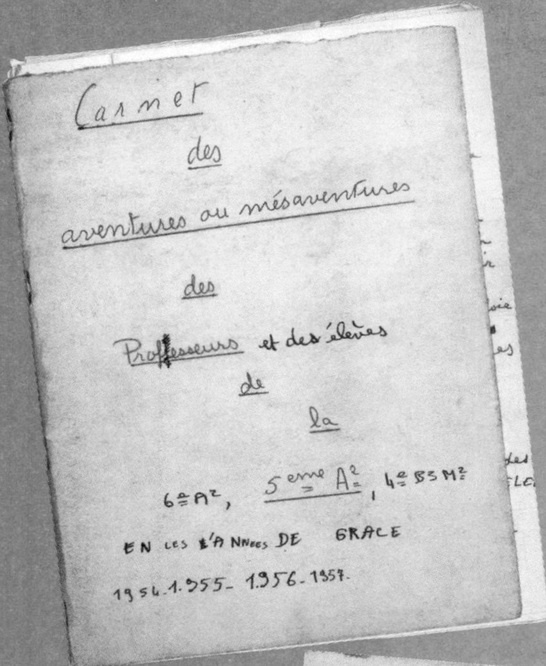

François Jouffa
coauteur de ce livre !

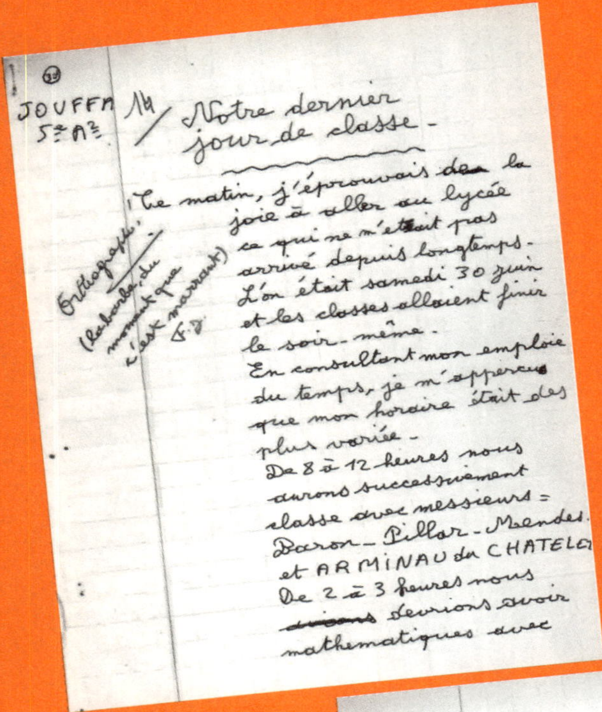

(33)

JOUFFA
5e A2

14 / Notre dernier
jour de classe -

Ce matin, j'éprouvais ~~des~~ la
joie à aller au lycée
ce qui ne m'était pas
arrivé depuis longtemps -
L'on était samedi 30 juin
et les classes allaient finir
le soir - même -
En consultant mon emploie
du temps, je m'appercus
que mon horaire était des
plus variée -
De 8 à 12 heures nous
aurons successivement
classe avec messieurs =
Baron - Pillar - Mendes -
et ARMINAU du CHATELET
De 2 à 3 heures nous
~~avions~~ devions avoir
mathematiques avec

Orthographe ! (Rabarba, du moment que c'est marrant) F.J.

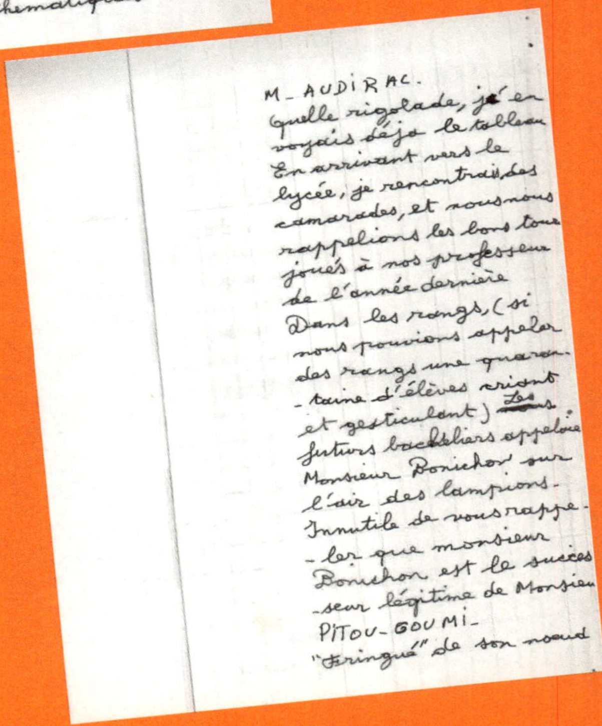

M - AUDIRAC -
Quelle rigolade, je en
voyais déjà le tableau
En arrivant vers le
lycée, je rencontrais des
camarades, et nous nous
rappelions les bons tours
joués à nos professeurs
de l'année dernière
Dans les rangs, (si
nous pouvions appeler
des rangs une quaran-
- taine d'élèves criant
et gesticulant) ~~nous~~ Les
futurs bachliers appelaient
Monsieur Bonichon sur
l'air des lampions -
Innutile de vous rappe-
- ler que monsieur
Bonichon est le succes-
- seur légitime de Monsieur
PITOU - GOUMI -
"Fringué" de son noeud

papillon et ~~de~~ ses bésicles, il
ne tarda pas à arriver en
gesticulant comme un "possédé".
Après avoir eu environ $\frac{1}{4}$ d'heure
de retard M. BARON arriva.
Il était facile de l'entendre venir
car les semelles de ses chaussures
réssonnaient sur les carrelage
du lycée Pasteur d'un façon
toute particulière = tic - toc
tic - toc - tic - toc - tic - toc
La classe de latin ce matin
fut "banale", interrompu par
moments, par des discours sur
la rentrée des classes ou
sur le travail à faire en
vacances. Après avoir fait
une dizaine de "batailles navales"
1 ou 2 "morpions" et 2 ou 3 "petits
carrés", la sonnerie retentit.
Après avoir dit au revoir
à notre professeur, agrégé
de latin, nous nous rendîmes

au gymnasme où devait nous
attendre le conseillé municipale
de Neuilly-sur-Seine.
Son arrivée fut saluée par
un lachement d'une cinquantaine
de bombes Algeriennes.
Après s'être déshabillé et
mis en tenue de sport, nous
nous mettions par vagues
ou en position "frrrontaalle"
comme il disait.
"— Gosses de la zone, depuis
35 ans que je suis dans
le métier, je n'ai jamais
vu des gars comme ça."
"— Matis au coin tu auras 3
heures, allez-va-t'en, tu
ne ferras le verbe ne pas "brailler"
à tous les temps de tous les modes.
Matis penaud se retire, mais il
ne languit pas longtemps car
bientôt une dizaine de ses
camarades arrivèrent ~~[illegible]~~, flanqué

JOUFFA
5e A2

(suite)

chacun de différents verbes =
1) ne pas rire.
2) ne pas "brailler"
3) ne pas se battre.
– Droite – Demi – tour, gauche –
on en était saouler.
– Possition frontale, 2 tours à
droite ; et bien entendu l'on en
faisait 4 à gauche

2e coup de sonnerie.

L'entrée en salle de géographie
se fit avec le mouchoir sur le
nez, quelqun avait jeté de la
poudre à éternuer – Hujar ayant
toussé plus fort que les autres
se vit attribuer 4 résumés, et
bien entendu, le brave Hujar
lui en donna 5 fait d'avance.
Un petit malin avait mis des
crayons sous le bureaux et

notre professeur s'étant
appuyé dessus, voilà notre
bureaux qui s'en va,
sous les rires de toutes la
classe.
– Dusoulier, 2 résumés, venez
les faire à cotés de moi –
Un cri futé s'éleva dans
la classe.
– allez POPOL à la droite
du père, et vlan, le malin
se vit attribuer une giffle et
2 résumés pour penser à lui –

3e coup de sonnerie –

La 3e A2 se livra à une
course éffrenée dans les
couloirs du lycée jusqu'à la
salle de dessin –
Entrée en bousculade –
Sitot assit, les bananes
et les oranges en coton

éprouvèrent les joies de l'
aviation - Les gobelets ne
tardèrent pas à suivre le
même chemins -
Bientôt un élève cassa un
morceau de platre où il y
avait marqué un mot
illisible suivit du mot
"d'ablette" -
Monsieur du Chatelet conti-
-nuait son interminable
discours sur l'art Roman
- L'art Roman est donc ---
patatra, vlan (une table
s'était affaissée entrainant
gobelets remplis d'eau,
boite de peinture etc.....)
- Je disais donc que ------
floc! (une bannane
habilement lancé s'écrasa
contre le tableau -
Après avoir mis 2 ou 3
retenues, il continua:

- L'art Roman que l'on
retrouve à l'église de ----
Dring - ing - ing - ing!
Les affaires ayant été rangées
pêle - mêle, nous sortîmes en
criant et en chahutant -

A 3 heures moins le quart les
ch!
portes du lycée se rouvrèrent.
Le proffesseur de mathema-
-tiques ayant été absent, le
surveillant "TOUT en TICS" nous
conduisit en permanence ou
derrière sa chaire trônait
majestueusement monsieur
Bouchon - Notre entrée fut
salué chez les élèves par
un lancement de boules-puantes
Impossible de respirer; nous
avions notre mouchoir sur la
gorge et respirions à travers
nos pull-over en laine.
Monsieur Bouchon qui

JOUFFA
5e A2

(suite)
n'avait pas l'habitude
menqua de s'évanouir -
En essayant d'ouvrir une
fenêtre, il menqua de la
recevoir sur le coin de l'oeil
car quelqun l'avait a-roit
sortie de ses gongs -
Profitant du désordre un
élève de 4e vida le contenu
d'une bouteille de fluide
glacial sur la chaise du
pauvre surveillant - S'étant
assit, notre honnorable
surveillant éprouva tout
d'abord une sensation de
froid (il mit son manteau
~~et détacha son noeud~~
~~papillon~~), puis une sensation
de chaleur intense qui le
~~fit~~ faissait suer à grosses
gouttes ce qui bien entendu
nous faisait rire (Il n'a
d'ailleurs jamais compris
pourquoi) -
A 4 heures, nous sortions
de notre prison en chantant
le vieux refrain bien
connu =

vive les vacantes
a bas les pénitenses
les cahiers au feu
et les prions au milieu -

FIN.

F. JOUFFA -

ASSURÉ AUTHENTIQUE

SOMMAIRE

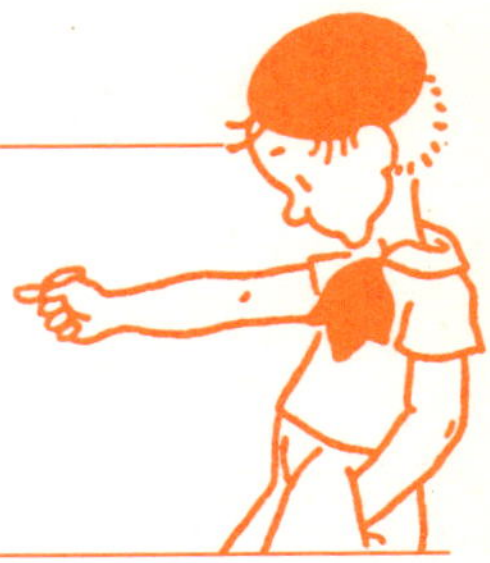

Les Z'animaux en folie

Le petit ours blanc

Un petit ours blanc se promène sur la banquise avec ses parents. Il se retourne vers sa mère et lui demande :
– Maman, c'est vrai que je suis un petit ours blanc ?
– Bien sûr, mon chéri, lui répond sa maman.
Dix minutes plus tard, il demande à son père :
– Papa, c'est vrai que je suis un petit ours blanc ?
– Bien sûr, fiston, lui répond papa ours.
Dix autres minutes après, il repose la même question à sa mère, puis de nouveau à son père, puis de nouveau à sa mère, et à son père, qui, excédé, finit par lui demander :
– Mais pourquoi nous poses-tu cette question, mon petit ?
– Ben, répond timidement le petit ours, c'est parce que j'ai un peu froid.

Bravo !

Une maman moustique dit à son petit :
– Ne t'approche pas des humains, ils pourraient te faire du mal !
Le petit moustique répond :
– Mais maman, pourtant, quand je m'approche d'eux, ils m'applaudissent !

Au revoir

Pourquoi les blondes ont-elles les cheveux mouillés en sortant de chez elles le matin ?
Parce qu'elles disent au revoir à leurs poissons rouges.

Les 4 z'araignées

Quatre araignées font une course en ligne droite, il y a une rouge, une bleue, une verte et une jaune…
La rouge dit : Derrière moi, il y a la bleue.
La bleue dit : Derrière moi, il y a la verte.
La verte dit : Derrière moi, il y a la jaune.
La jaune dit : Je suis la première, je suis la première !
Comment cela peut-il bien se faire ?

Réponse : La jaune est une sale menteuse !

Safari

Deux Belges sont en plein safari dans la jungle africaine lorsque, soudain, un lion surgit de la brousse et se jette sur eux.

Après quelques minutes de combat avec le roi des animaux, l'un des deux Belges réussit enfin à se dégager des griffes de l'animal, puis, les vêtements déchirés et ensanglantés, s'en va rejoindre son compatriote.

– Mais dis donc, espèce d'idiot, une fois. Pourquoi n'as-tu pas tiré sur le lion avec le pistolet ? Il a quand même failli me tuer !

– Ben, parce que tu m'as dit que c'était un fusil pour les éléphants.

Miss Pou

Comment appelle-t-on un joli pou femelle ?
Une poubelle !

La petite bête qui monte...

– Qu'est-ce qui est vert, gluant, laid et a six pattes ?
– Je ne sais pas.
– Moi non plus, mais cela grimpe sur ton pantalon !

Comme Nabila

Un poisson téléphone à un autre poisson :
– Allô ?
– Bah oui, répond le poisson, où veux-tu que je sois !?!

Maman pique

Un petit hérisson se perd dans le désert la nuit. Soudain il se cogne à un cactus et dit :
– Maman ?

Cage-bocal

Dans un magasin d'animaux, une dame demande :
– Bonjour ! Je voudrais acheter une cage pour un poisson.
– Une cage ? Mais non, pour les poissons, on prend un aquarium ou un bocal.
– Moi, j'ai besoin d'une cage-bocal.
– Une cage-bocal ? Mais c'est pour quel animal ?
– Un poisson volant.

Ça buzz

Deux abeilles discutent, l'une d'elles dit :
– Ça y est, je suis branchée sur Internet.
L'autre répond :
– Super, donne-moi ton i-miel !

Pauvre toutou

Comment appelle-t-on un chien qui n'a pas de pattes ?
On ne l'appelle pas, on va le chercher.

Conseil de beauté

Un hérisson demande à une pierre lisse :
– Comment faites-vous pour avoir la peau si douce ?

Histoire de papy pou

Un très vieux pou se promène sur le crâne d'un chauve avec son arrière-petit-fils :
– Tu vois, lui explique-t-il, avant, ici, il y avait un tout petit sentier. Et maintenant, c'est une autoroute…

Papa coq

Un coq attend sa femme à la maternité :
– Est-ce que mon bébé poussin est né ? demande le coq à une infirmière.
– Heu, il y a eu un léger accident, répond l'infirmière, vous êtes père d'une omelette !

À poil

Comment appelle-t-on un chat sans poil ?
Un chat-ton.

Ils sont lents

À l'arrêt du bus, maman Tortue dit à son fils :
– Ne t'éloigne pas trop, mon chéri, le bus passe dans trois heures...

Atchoum !

Un chat enrhumé entre dans une pharmacie et demande d'une voix caverneuse :
– Je voudrais un sirop pour ma toux.

Un chameau qui se pose des questions

Une maman chameau et son fils discutent ensemble lorsque le bébé chameau demande à sa mère :
– Maman, pourquoi est-ce que je possède trois orteils à chaque pied ?
– Eh bien fiston, lorsque nous traversons le désert, ces orteils nous permettent de marcher dans le sable sans que nous nous enfoncions !
Un peu plus tard, le petit chameau demande à sa mère :
– Maman, pourquoi est-ce que je possède d'aussi grandes paupières ?
– C'est pour empêcher le sable d'aller dans tes yeux lorsque tu voyages dans le désert !
– Ah, OK, merci maman, répond le petit chameau.
Après un court moment, le fiston chameau se retourne vers sa mère et lui demande :
– Maman, pourquoi est-ce que j'ai ces grosses bosses sur le dos ?
La mère, commençant à être agacée par toutes ses questions, répond quand même à son fils :
– C'est pour emmagasiner de l'eau et ainsi, lors des traversées dans le désert, te permettre de passer de longues périodes sans boire !
– C'est formidable, maman, donc nous possédons trois orteils pour ne pas nous enfoncer dans le sable, de grosses paupières pour ne pas avoir de sable dans les yeux et des bosses sur le dos pour emmagasiner de l'eau. Mais maman ?
– Oui, mon garçon ?
– Veux-tu bien me dire ce que l'on fait dans un zoo en France ?

La famille ver de terre

Une dame ver de terre rencontre une de ses amies.
– Qu'est-ce que tu as ? Tu en fais une tête ! Et ton mari, il ne t'accompagne pas ?
Alors, la dame ver de terre, tristement :
– Il est à la pêche…

Coin-coin

Une blonde marche dans la rue avec un canard sous le bras.
Un passant lui demande :
– Dites-moi, où avez-vous récupéré ça ?
Et là, le canard de lui répondre :
– Ça, eh bien, je l'ai gagné à la kermesse.

La famille pingouin

Un pingouin vient d'être papa. Son ami lui demande :
– Alors, qu'est-ce que c'est ?
Et le pingouin répond :
– C'est un petit glaçon !

Bip, bip, bip

Pourquoi les zèbres ne vont-ils jamais au supermarché ?
Parce qu'ils ont peur qu'on les prenne pour des codes-barres.

La gazelle et le tigre

Une jeune gazelle entre dans un restaurant, accompagnée d'un énorme tigre.
– Je prendrai une salade de crudités et de l'eau, dit la gazelle au maître d'hôtel.
– Et pour monsieur ? demande le maître d'hôtel en regardant le tigre.
– Il n'a pas faim, lui répond la gazelle. Franchement, je ne suis pas assez folle pour sortir dîner avec un tigre affamé !

Boule de poils

Pourquoi les ours portent-ils des manteaux de fourrure ?
Parce qu'ils seraient ridicules en K-way.

Mac ou PC ?

Que fait un rat près d'un ordinateur ?
Il drague la souris.

Attaque de moustiques

À la campagne, en été, deux campeurs sont envahis par les moustiques. Ils en écrasent un certain nombre et, au bout d'un moment, les insectes semblent être partis.
Un des deux campeurs sort la tête de la tente pour regarder dehors et aperçoit trois vers luisants dans l'herbe :
– Planque-toi ! Ils rappliquent avec des lampes électriques !

C'est pratique

Quel animal sert à accrocher les affiches ?
La punaise.

En majuscule

Une petite fille se promène près d'un lac où nagent des cygnes et dit à sa maman :
– Maman, regarde, des canards majuscules !

Festival de cannes

Un canard aveugle se rend dans une agence matrimoniale pour y trouver une femme.

L'employé le reçoit aimablement et lui dit :

– Je sais ce qu'il vous faut. C'est une cane blanche.

Le monde de Nemo

Au fond de la mer, une bande de petits poissons essayent de forcer la demeure d'une huître. Soudain, une étoile de mer arrive. Alors, celui qui faisait le guet crie aux autres :

– Barrez-vous, les gars, v'là le shérif !

Saucisses sur pattes

Deux amis discutent :

– Tiens ! Tu as acheté un basset à tes enfants ?

– Oui, vu sa longueur, ils peuvent tous le caresser en même temps.

Bébé pivert

Le papa pivert dit à son petit :
– Qu'est-ce que j'apprends ? Tu n'arrêtes pas de piquer dans le porte-monnaie de ta mère ?

Atchoum !

Que dit un crabe en voyant une baleine qui éternue ?
– Ah, t'échouée !

Avion à réaction

Deux oiseaux volent dans le ciel quand, soudain, ils sont doublés par un avion à réaction qui vient de décoller.
– Il est fou de voler aussi vite, dit l'oiseau.
– Je voudrais t'y voir, répond son copain oiseau, il a le feu aux fesses !

Les chiens ne font pas des chats

Comment faire aboyer un chat ?
Il suffit de lui donner une gamelle de lait et il l'aboie-ra.

Avec de la mayo ?

De quoi a le plus peur une poule malade ?
D'avoir beaucoup de fièvre et de pondre des œufs durs.

Les gorilles

Pourquoi les gorilles ont-ils de grosses narines ?
C'est parce qu'ils ont des gros doigts.

Réunion de chats

Un petit chat va à la rencontre d'autres chats. Ces derniers lui disent pour l'accueillir :
– Bienvenue par minous ! (Parmi nous)

Déclaration d'amour

Que dit un crabe à une belle araignée de mer ?
– J'en pince pour toi !

Ça creuse !

Par la fenêtre, un homme aperçoit la petite fille du voisin en train de creuser un trou dans le jardin. Intrigué, il lui demande :
– Mais que fais-tu, ma petite ?
– J'enterre mon poisson rouge, monsieur.
– Ton trou me semble un peu grand pour un petit poisson rouge.
– C'est parce qu'il est dans le ventre de votre méchant chat !!!

grimaces

Un petit garçon joue avec un bouledogue. Il se met à faire des grimaces affreuses, et son père lui dit :
– Léo, arrête de faire des grimaces !
– Mais, répond le petit, c'est pas moi qui ai commencé, c'est le chien !

Le petit rat

Comment s'appelle un rat sans queue ?
Un raccourci.

Dans les cheveux

Deux poux discutent :
– Qu'est-ce qui t'arrive ? T'as pas l'air d'aller bien…
– M'en parle pas ! J'ai reçu un coup de peigne…

Coa-coa

Deux petits têtards discutent au fond d'une mare :
– Cette grenouille est complètement sourde !
– T'as raison, dès qu'on lui parle, elle répond « coa-coa » !

À la police

Un escargot s'est fait voler par deux tortues. Il va déposer plainte à la police.
Là, on lui demande comment ça s'est passé.
Il répond :
– Je ne sais pas, tout s'est passé trop vite !

Dans la cuvette

Pourquoi les blondes jettent-elles du pain dans les toilettes après y être allées ?
Pour nourrir le canard WC.

Chien perdu

– Mon chien a disparu, dit madame Durand à sa voisine.
– Passez donc une annonce, lui répond-elle.
– Oh, ça ne sert à rien, vous savez, il ne sait pas lire !

Chat alors !

Une maîtresse de maison demande à sa servante :
– Clotilde ! Le perroquet a disparu ! Vous n'avez rien remarqué d'anormal en mon absence ?
– Non, madame, absolument rien… À part le chat qui s'est mis à parler.

Pony et Ponette

Pony et Ponette sont deux petits poneys. Ils décident d'aller se promener en forêt. Mais Ponette se perd ! Qui Pony va-t-il chercher pour avoir de l'aide ?

Réponse : Biactol, car Biactol aide à retrouver la Ponette ! (La peau nette).

Bravo la noiraude

C'est la noiraude, la vache à Maurice. Elle vient de gagner un deuxième prix de beauté, lors du concours agricole de Chausson-sur-Loire.
Un journaliste lui demande :
– Ça va, vous êtes contente ?
– J'espère faire meuh la prochaine fois !

Y'a un truc !

Deux souris ont décidé d'aller au cirque. La première reste stupéfaite en voyant un éléphant tenir en équilibre sur un œuf.

– C'est du chiqué ! dit la deuxième, je te parie que l'œuf est dur !

Ils bossent

Un chameau dit à un dromadaire :

– Comment ça va ?

– Bien, je bosse, et toi ?

– Je bosse, je bosse !

Des chevals !

Lors d'une promenade à la campagne, la petite Marion interpelle sa maman :
– Oh, regarde, maman, des chevals !
– Non, Marion, on ne dit pas des chevals, on dit des chevaux.
– Mais, non, c'est des chevals !
– Non, Marion, on dit des chevaux.
– Non, c'est des chevals !
– Non, des chevaux.
– Bon, des chevaux… répond la petite. Mais ça ressemble quand même beaucoup à des chevals.

Le petit oiseau va sortir

Comment appelle-t-on un chat qui sort d'un Photomaton ?
Un photo-matou.

Des graines à oiseaux

Une petite fille entre dans un magasin de graines et demande :
– Je voudrais des graines pour mon oiseau, s'il vous plaît.
– Mais bien sûr, ma petite, qu'est-ce que tu as comme oiseau ?
– Je n'en ai pas encore, répond la petite, c'est pour le faire pousser.

Ça ne sent pas très bon !

Un paysan fait appeler le vétérinaire pour son cochon qui est malade.
– Ce n'est pas grand-chose, constate le vétérinaire, il est juste un peu triste. Ce qui lui faudrait, c'est de la compagnie.
– Bon, répond le paysan, alors on va le mettre dans la chambre avec nous, comme ça, il sera bien au chaud.
– Oui, mais répond le vétérinaire, il va y avoir l'odeur.
– Ah ! ça, il va falloir qu'il s'y fasse !

Y'a pied !

Une girafe et un chien veulent se baigner. La girafe entre dans la rivière pour voir si l'eau est profonde. L'eau monte jusqu'à son cou. Elle se retourne et dit alors au chien :
– Tu peux venir : on a pied !

Très leeeeeent !

Un escargot dit à sa femme :
– Oh, là, là, j'ai un terrible mal de tête ce matin !
– Reste couché, mon chéri, je vais t'acheter de l'aspirine à la pharmacie.
Deux jours plus tard, elle rentre et dit à son mari :
– C'est bête, en arrivant à la pharmacie, je me suis aperçue que j'avais oublié mon porte-monnaie ici !

Ça gratte

Une maman kangourou discute avec une autre maman kangourou :
– Arrête de te gratter comme cela.
– Ce n'est pas de ma faute, répond l'autre maman kangourou, le petit a mangé des biscottes ce matin.

La petite souris

Une souris se promenant dans la jungle rencontre un éléphant et lui dit :
– Qu'est-ce que tu es gros !
– Comme tu es petite et mince ! répond l'éléphant.
– Je sais, répond la souris, mais moi je viens d'être malade.

Harry cocker

Comment appelle-t-on un chien magique ?
Un magichien !

École des chats

À l'école des chats, Mme Minou, l'institutrice, interroge ses élèves :
– Quand vous serez grands, quel métier choisirez-vous ?
Un petit chat lève la patte et dit :
– Moi, je voudrais être journaliste.
– Journaliste ? Tu sais que c'est un métier difficile.
– Oh, je sais, madame, répond le petit chat, mais je ne m'occuperai que de la rubrique des chiens écrasés.

Vengeance

Une souris, enrouée, triomphe :
– Ça y est, j'ai un enfin un chat dans la gorge !

Je vais rugir

Deux lions discutent :
– Allez, avoue que tu es amoureux ! dit l'un.
L'autre répond :
– Arrête, tu vas me faire rugir !

Pas facile à entendre

Quel bruit fait la fourmi ?
La fourmi cro-onde (four micro-ondes).

La belle roue

Un petit garçon voit pour la première fois un paon qui fait la roue, il s'écrie :
– Maman, viens voir, y a une poule qui fleurit !

Bagarre de chiens

D'un balcon, un caniche voit passer un bouledogue dans la rue. Il aboie furieusement et le bouledogue s'arrête et lui dit :
– T'es pas content ? Descends si t'es un chien !
Le caniche répond :
– Non merci, j'ai pas envie de me retrouver avec la même gueule que toi !

Ça se corse

Pourquoi un Corse n'attache-t-il jamais son âne à un arbre ?
Parce qu'après, il mange l'écorce… (les Corses).

La baleine

Que fait une baleine lorsqu'on la chatouille ?
Elle dit :
– C'est assez ! J'ai le dos fin !
Et elle se cache à l'eau...
(Cétacé, j'ai le dauphin ! Et elle se cachalot)

De toutes les couleurs

Un moineau regarde passer deux perroquets et dit :
– Tiens, je croyais que c'était fini la techno-parade !

Œuf en porcelaine

Un coq traverse la basse-cour. Il découvre, au milieu des œufs, un œuf en porcelaine.
– Qui a mis ça là ? hurle le coq.
– C'est moi, répond une petite poule. J'avais envie de jouer à la poupée !

Le homard en costard

Deux homards s'apprêtent à sortir.
– Laquelle je mets, ma crevette bleue ou ma crevette rose ?

Ça s'arrose !

Deux chiens se promènent. Tout à coup, l'un d'eux se met à frétiller.
– Tu as vu, dit-il, un réverbère tout neuf ! Ça s'arrose !

Dard-dard

Une guêpe dit à une amie :
– La reine t'attend, vas-y dard-dard !

Repêchage

Un poisson dit à un autre :
– Je crois que j'ai raté mon examen…
– C'est pas grave, répond l'autre, tu seras peut-être repêché !

Tu as la pêche ?

Un poisson dit à un autre :
– T'as pas la pêche ?
– Non, j'ai reçu un mauvais coup de fil.

Ça prend du temps

Un mille-pattes a rendez-vous chez une fourmi.
La fourmi attend depuis un bon moment, mais le mille-pattes n'est toujours pas là…
Enfin, avec une heure de retard, tout essoufflé, il finit par arriver :
– Mais que faisais-tu ? demande la fourmi.
– Eh bien, dehors, il y a un écriteau : « Essuyez vos pieds ! » répond le mille-pattes…

Les pigeonnes amoureuses

Deux jeunes filles pigeonnes voient passer un très joli pigeon.
– Oh ! Mais qu'est-ce qu'il est beau !
– Oui, pas mal, répond sa copine.
– Comment ça, pas mal ?
– Je trouve qu'il a mauvais genre.
– Qu'est-ce qui te fait dire ça ?
– Tu n'as pas vu les bagues qu'il avait autour des chevilles ?

C'est dans la poche !

Un jeune kangourou rencontre un autre jeune kangourou et lui demande :
– Alors ton examen de math, hier ?
– C'est dans la poche !

C'est cuit !

Deux oiseaux discutent :
– Tu le veux comment ton steak ?
– Cuit cuit cuit !...

Au bulot !

Deux coquillages discutent :
– Fini la pause, faut qu'on se mette au bulot !

Chat drague

Un chat drague une jolie chatte et lui susurre à l'oreille :
– Nous sommes félins pour l'autre !

Gros bouton

Une tortue vient de se faire piquer sur le nez par une abeille et dit :
– Zut, je vais encore devoir passer la nuit dehors…

Escargots sportifs

Deux escargots font du sport :
– Alors, cette course ?
– M'en parle pas ! J'en ai bavé !

C'est bon cygne

– Et comment ça s'est passé ? demande une femelle cygne à son amie qui vient de lui apprendre la bonne nouvelle.
– Oh, tu le connais, il m'a fait un petit cygne.

Attention !

En Afrique, un touriste veut absolument se baigner dans une rivière. Il met son maillot de bain et demande :
– Y a-t-il des requins ?
– Non, non ! lui répond un habitant.
– Vous êtes sûr, insiste le touriste en plongeant.
– Oui monsieur, il n'y a que des crocodiles !

Cache-cache

Deux autruches femelles se promènent dans la savane, suivies par deux autruches mâles… Elles veulent les semer… Impossible… Une seule solution, se cacher… Rien aux alentours, alors elles plongent la tête dans le sable.
Les deux mâles arrivent à leur hauteur et ils s'interrogent :
– Mais où sont-elles passées, ces deux imbéciles ?

C'est dans la poche

Une maman kangourou dit à une autre :
– Pourvu qu'il fasse beau ! Je n'aime pas laisser les enfants jouer à l'intérieur.

Froid de canard

Une poule sort de son poulailler et se plaint :
– Quel froid de canard !
À ce moment, un canard passe et lui répond :
– Ne m'en parlez pas, j'ai la chair de poule !

Ça c'est vrai !

Que prend un éléphant quand il va au restaurant ?
Il prend de la place !

Animaux dangereux

Quels sont les deux animaux les plus dangereux ?
La tortue parce qu'elle tord et tue et le serpent parce qu'il serre et pend.

Logique

Pourquoi les flamands roses lèvent-ils une patte en dormant ?
Parce que s'ils levaient les deux, ils tomberaient.

L'eau des poissons

Une maman demande à sa fille :
– Julia, est-ce que tu as changé l'eau de tes poissons ?
– Mais, maman, ils n'ont pas fini de boire celle de la semaine dernière !

Histoire d'amour

Deux mille-pattes très amoureux l'un de l'autre se promènent bras dessus, bras dessous, bras dessus, bras dessous, bras dessus, bras dessous, bras dessus, bras dessous, bras dessus, bras dessous, bras dessus, bras dessous...

Ça dépend des goûts

Deux chèvres sont en train de brouter dans une décharge sauvage. La première trouve le DVD d'un film de cinéma et commence à le brouter. L'autre lui demande :
– Tu as aimé ce film ?
Et elle répond :
– Je crois que je préférais le livre.

Le pique-nique

Trois tortues ont décidé de faire un pique-nique. Elles partent tôt le matin et, après une longue route, trouvent enfin l'endroit idéal.

Elles déballent leurs affaires et, au moment de se mettre à table, elles s'aperçoivent qu'elles ont oublié le sel.

– Je veux bien aller chercher le sel, dit la plus âgée, mais vous me promettez de m'attendre pour déjeuner.

– Bien sûr, promettent les deux autres.

La plus âgée s'en va. Un jour passe, puis deux, puis trois, puis quatre. Les deux tortues qui attendent n'en peuvent plus et décident de se mettre à table :

– Je n'en peux plus de l'attendre, j'ai bien trop faim, tant pis, je mange !

À ce moment-là, sortant de derrière un arbre, la tortue qu'on n'attendait plus s'écrie :

– Ah ! J'avais raison de ne pas partir chercher du sel ! Vous voyez bien que vous alliez commencer sans moi !

Ils viennent de partout

De quel pays viennent les cochons ?
– Des quatre groins du monde.

Zip

Qu'est-ce que deux mille-pattes en train de s'embrasser ?
Une fermeture Éclair.

Une chaîne qui a du chien

– Je me demande pourquoi le chien se gratte si fort devant la télé.
– C'est normal, il regarde sa chienne préférée : Canal puce !

Partie de cartes

Deux lapins jouent aux cartes quand, soudain, l'un d'eux s'écrie :

– Où sont passés tous les trèfles ?

– Excuse-moi, répond l'autre, j'avais une petite faim.

Taupe modèle

Un vieux rat rencontre une petite taupe. Curieux, il lui demande :

– Que veux-tu faire plus tard, ma petite ?

– Taupe-modèle !!

Comme chez La Fontaine

Dans la campagne, un petit gamin se promène avec sa mère. Soudain, un oiseau passe au-dessus d'eux.

– Maman, maman, regarde ! Un tapon !

– Un quoi ?

– Là, là ! Tapon ! Tapon !

– Mais non, on dit héron ! Héron ! petit, pas tapon !

Batman

Deux souris voient passer une chauve-souris et disent :
– Regarde, un ange !!!

Un petit ver

Deux poissons discutent :
– Comment ça va ?
– Pas bien du tout, je suis déprimé.
– Allez, prends donc un ver, ça va te remonter.

Le petit oiseau va sortir

Un chat prend un autre chat en photo et lui dit :
– Souris !
L'autre chat sursaute et demande :
– Où ça ? Où ça ?

Ça vous mouche !

Quel est le sport préféré des insectes ?
Le criquet.

La vache qui rit

Pourquoi les vaches ne parlent-elles pas ?
Parce qu'il y a écrit « la ferme » sur le panneau.

Nom d'un chien

Deux chiens discutent. L'un demande à l'autre :
– C'est quoi ton nom ?
– C'est Ché.
– Ché ? C'est plutôt bizarre comme nom…
– Ben, pourtant, mon maître me dit tout le temps : « Va, cher Ché ! »

Bloin-bloin

Qu'est-ce qui fait « bloin-bloin » ?
Réponse : Un canard sous l'eau !

Un singe agaçant

Un singe entre dans un bar et demande au barman :
– Vous avez des bananes ?
– Non.
– Vous avez des bananes ?
– Non.
– Vous avez des bananes ?
– Non, et si tu me demandes encore une fois si j'ai des bananes, je te cloue le bec au comptoir !
– Vous avez des clous ?
– Non !
– Alors, vous avez des bananes ?

Film d'horreur

Deux poules regardent la télé. Arrive une publicité montrant un poulet rôti. L'une des poules dit à l'autre :
– Change de chaîne, je n'aime pas les films d'horreur...

Le canif

C'est quoi un canif ?
C'est un p'tit fien.
Et qu'est-ce qu'une nife ?
C'est la maison du p'tit fien.

Frimeuse !

Sur une route, un escargot voit passer une limace et s'écrie :
– Wow, la belle décapotable !

Ça va vite !

Qu'est-ce qui passe sous terre à plus de 200 km/h ?
Une turbo-taupe.

Nudiste

Un escargot se promène avec sa famille, quand il croise une limace :
– Les enfants, ne regardez pas ! C'est un nudiste !

Coup de soleil

Une fourmi noire dit à une fourmi rouge :
– T'as pris un coup de soleil, toi !

Transport en commun

Deux puces sortent du cinéma. L'une dit à l'autre :
– On rentre à pied ou on prend un chien ?

Béééééé

Pourquoi les moutons mâchent-ils des chewing-gums ?
Pour la laine ! (L'haleine)

Mille et une pattes

Un petit mille-pattes rentre de l'école en pleurant. Sa maman l'accueille en lui demandant ce qui ne va pas :

– Il y a quelqu'un qui m'a marché sur la patte, et j'ai mal !

– Mon pauvre chéri. Montre-moi et dis-moi quelle patte.

– Je ne peux pas, répond le petit, je ne sais compter que jusqu'à dix !

Pauvre petit chat

Comment appelle-t-on un chat tombé dans un pot de peinture le 24 décembre ?
Un chat peint de noël.

Gloup, gloup

Une petite fille demande à sa maman :
– Maman, pourquoi les poissons ne parlent-ils pas ?
– Mmmh, je ne sais pas, répond la maman.
– Moi, je pense que c'est pour ne pas avaler toute l'eau en ouvrant la bouche !

Ce n'est pas donné !

Un kangourou rentre dans un bar et commande un Coca-Cola. Le barman le sert et lui demande 10 euros. Le kangourou cherche dans sa poche et tend un billet de 10 euros au barman. Pendant qu'il boit, le barman le regarde, intrigué, et il lui demande :
– On ne voit pas souvent de kangourous dans ce bar, d'habitude…
Et le kangourou :
– À 10 euros le Coca, ça ne m'étonne pas.

Poétique…

Comment appelle-t-on un mouton sans pattes ?
Un nuage.

Une amende pour l'écureuil

Un écureuil se gare devant un panneau de stationnement interdit.
Un policier s'approche et le met en garde :
– Dites donc, vous voulez une amende ?
Et l'écureuil répond :
– Oh, si ça ne vous fait rien, je préférerais une noisette !

La souris et l'éléphant

La savane est en feu. Fuyant l'incendie, les animaux galopent vers le sud.
Gentiment, un éléphant a pris une petite souris sur son dos.
Au bout d'un quart d'heure de galopade, la petite souris lui dit :
– Allez, on change !

Gentil chien

Un jeune chiot demande à son père :
– Papa, papa, dis-moi la vérité, papa, papa. C'est quoi mon vrai nom ? « Couché », « Assis » ou « Donne la papatte » ?

Les crocos

Que fait un crocodile quand il en rencontre un autre ?
Il l'accoste.

Pause pipi

Une dame entre chez un horloger et pose son caniche sur le comptoir en disant :

– Je vous apporte mon chien.

– Mais, mais, mais pour quoi faire, madame ?

– Pour que vous voyez ce qu'il a. Il s'arrête toutes les cinq minutes…

La bagarre

En Afrique, une colonie de fourmis, qui en a assez de voir l'éléphant écraser régulièrement sa fourmilière, décide de l'attaquer.
Des milliers de fourmis montent à l'assaut du pachyderme et commencent à le piquer.
L'éléphant, qui sent comme des petits chatouillements, se secoue brusquement, et toutes les fourmis tombent au sol, sauf une qui reste accrochée à son cou.
Alors les milliers de fourmis font cercle autour de l'éléphant et il y en a une qui lui crie :
– Vas-y ! Il ne regarde pas ! Étrangle-le !

Dans la cour de récré

Do you speak english ?

Après une interro d'anglais, un garçon demande à son copain :
– Qu'est-ce que ça veut dire « *I don't know* » ?
– Je ne sais pas.
– Ah, bon. Tant pis.

Sans les oreilles

Pendant la récré, deux copains discutent :
– Dis-moi, si je me coupais les oreilles, est-ce que je deviendrais sourd ?
– Non, mais tu n'y verrais plus rien !
– Ah bon, pourquoi ?
– Parce que ta casquette te tomberait sur les yeux.

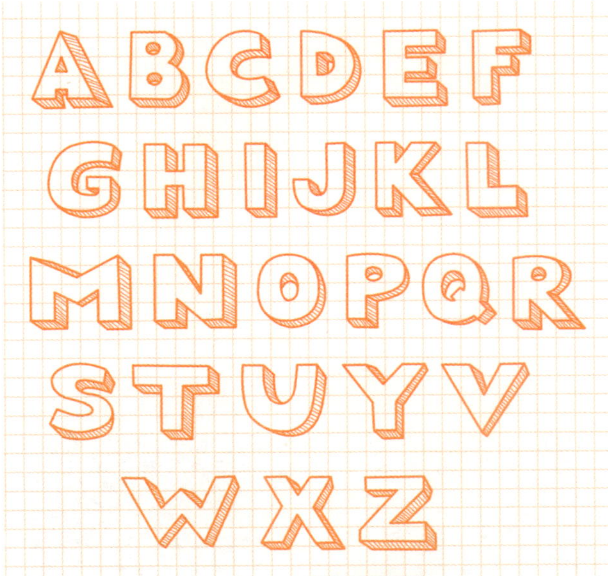

Masque de beauté

Pendant la récré, une maîtresse parle à un collègue.
– Je me suis fait un masque de beauté, hier soir.
– Eh bien, les interrompt un élève, remettez-le !

C'est pas gentil !

Comment faire rire la maîtresse le lundi matin ?
En lui racontant une blague le vendredi soir.

Dino vélo

Le petit Léo arrive dans la cour de l'école et dit à sa maîtresse :
– Madame, je viens d'apprendre que c'est un dinosaure qui a inventé la bicyclette.
– Mais qu'est-ce que tu racontes ?
– Mais oui, le vélociraptor !

Enfants de star

Dans la cour de récréation d'une école de Hollywood, des enfants bavardent :
– Moi, mon nouveau beau-père, il est super cool !
– On sait, répondent ses copains, nous on l'a eu l'année dernière !

Le plus rapide du monde

Trois enfants se disputent dans la cour de récréation. Ils assurent tous les trois que c'est leur papa qui est le plus rapide du monde.

Le premier dit fièrement :

– Moi, mon papa, il travaille à la SNCF. Il conduit le TGV, il met deux heures pour faire Paris-Lyon. C'est mon papa le plus rapide du monde.

Mais le deuxième lui répond :

– Eh bien moi, mon papa, il va encore plus vite que le tien, il pilote le Concorde et il met trois heures pour aller de Paris à New York. C'est évident que c'est mon papa qui est le plus rapide !

– N'importe quoi ! répond le troisième, c'est mon papa qui est le plus rapide du monde. Il est fonctionnaire. Il finit à 5 heures et tous les jours, à 4 heures et demie, il est déjà à la maison.

La tête dans la lune

Deux petits garçons à la récré :

– Tu crois qu'il y a du monde sur la lune ?

– Ben oui, répond l'autre, c'est toujours allumé le soir !

Histoire à raconter à la récré

C'est l'histoire d'un tout petit monsieur dans une toute petite maison. Il ouvre une toute petite boîte dans laquelle il y a une toute petite enveloppe. Dans cette toute petite enveloppe, il y a une toute petite lettre, sur cette toute petite lettre, il est écrit en tout petit :
« Ça fait cinq toutes petites minutes que je vous casse les pieds ! »

Beurk !

– Tu connais la différence entre un bol et la cuvette des WC ?
– Non.
– Bah, alors, je n'irai pas prendre le goûter chez toi !

0 + 0 = la tête à Toto

Pour mon anniversaire

Toto dit à son père :
– Papa, je voudrais une bicyclette pour mon anniversaire.
– D'accord, répond son papa, mais seulement si tu sais écrire bicyclette sans faute.
– Finalement, répond Toto, je préférerais un vélo !

Antisèches

Le petit Toto n'a pas révisé sa leçon de géographie et il sait que le professeur va certainement l'interroger. Avant de partir, Toto griffonne sur sa manche les réponses aux questions. Comme prévu, dès le début du cours, le professeur fait venir Toto au tableau et lui demande :
– Quelle est la capitale de la France ?
Toto jette un coup d'œil à sa manche et répond :
– Paris.
– Très bien ! Et quel est le nom du fleuve qui traverse Paris ?
Nouveau coup d'œil à sa manche :
– La Seine.
– Très bien, et combien y a-t-il d'habitants à Paris ?
Troisième coup d'œil à sa manche.
– 100 % coton, monsieur !

Toto en Égypte

Toto visite un musée en Égypte avec sa petite sœur. Ils s'arrêtent devant une momie.

– Que veut dire 3104 AV JC ? demande la petite fille.

– Je ne sais pas, répond Toto, c'est sans doute le numéro d'immatriculation de la voiture qui l'a renversée !

Toto et la barre de chocolat

Toto est assis sur un banc dans le parc, mâchant des barres chocolatées l'une après l'autre.

Après la sixième barre, un homme sur le banc à côté de lui le regarde et lui dit :

– Mon garçon, sais-tu que ce n'est pas bon de manger autant de friandises ? Elles te donneront de l'acné, des caries aux dents, et te feront grossir !

Toto lui répond :

– Je fais comme mon grand-père qui a vécu cent cinq ans et vous devriez faire comme lui !

– Ah bon, répond l'homme, surpris, ton grand-père mangeait autant de friandises ?

– Non, répond Toto, lui, il s'occupait de ses affaires !

Lunettes de soleil

Toto entre dans un magasin et demande au vendeur :
– Je voudrais des lunettes, s'il vous plaît.
– Pour le soleil ? demande le vendeur.
– Non, non, répond Toto, pour moi.

Toto is funny

En classe d'anglais, la maîtresse demande à Toto :
– Comment dit-on : « Viens ici » en anglais ?
– *Come here,* répond fièrement Toto.
– Bravo ! Et comment dit-on : « Va là-bas ? » demande la maîtresse.
– Eh bien ! bredouille Toto, je vais là-bas, et je dis : « Viens ici. »

Un papa énervé

Toto dit à son père :
– J'aimerais bien aller sur la lune.
– Moi aussi, répond son père, j'aimerais bien que tu y ailles et même que tu y restes !

20/20

La maîtresse de Toto lui rend un devoir :
– Toto, tu as eu 20/20. Ton père t'a aidé ?
– Non, madame, répond Toto, il l'a fait tout seul.

Le chien de Toto

Une fille demande à Toto :
– Est-ce que ton chien aime les enfants ?
– Oui, répond Toto, mais il préfère les croquettes.

Gâteau

La maman du jeune Toto demande à son fils :
– Dis-moi, Toto, il y avait deux gâteaux dans le frigo. Peux-tu m'expliquer pourquoi il n'en reste qu'un ?
– Parce que je n'avais pas vu qu'il y en avait un autre !

Toto et le pitbull

Toto suit son cours de biologie à l'école. Le professeur est en train d'expliquer une des curiosités de la nature, à savoir que seuls les humains bégaient. Aucun autre animal ne possède, en effet, un tel trouble de l'élocution.
Mais Toto n'est pas d'accord, il interpelle son professeur :
– Monsieur, monsieur, ce n'est pas vrai. Moi, je connais au moins un animal qui bégaie !
– Ah oui ? répond le prof étonné. Et quel est cet animal ?
– Ben, en fait, c'était mon chat : l'autre jour, je jouais avec lui sous la véranda et le pitbull du voisin s'est rapproché, alors mon chat a commencé à faire « ffffffffff ! ffffffffffff ! ffffffffff ! » et, avant qu'il puisse dire « FOUS LE CAMP ! », eh bien, le chien l'avait mangé !

10 !

Le petit Toto rentre très excité de l'école :
– Papa, maman ! J'ai eu 10 à l'école !!!
– Ah, c'est très bien, bravo Toto, tu as eu 10 en quoi ?
– J'ai eu 3 en maths, 2 en sciences naturelles, 3 en sport, 1 en français, 1 en histoire et 0 en physique !

Visage déformé

– Toto, veux-tu arrêter de faire des grimaces !
– Pourquoi, papa ?
– Parce que sinon quand tu seras grand, tu auras le visage déformé !
– Ça alors ! Pas croyable ! répond Toto. Tu as dû en faire un paquet, toi quand tu étais petit !

Sciences nat'

En classe de sciences naturelles, le professeur demande à Toto :
– Peux-tu me dire comment se reproduisent les hérissons ?
– En faisant très, très attention, m'sieur ! répond Toto.

Mariage en famille

Toto dit à son père :
– Elle est chouette, mamie, de m'avoir offert une voiture radio-commandée. Plus tard, je me marierai avec elle !
Son père répond :
– Tu ne vas pas te marier avec ma mère !
– Et alors ! répond Toto, tu t'es bien marié avec la mienne !

Toto au WC

Voulez-vous que je vous raconte l'histoire de Toto aux toilettes ? Oui ?
Eh bien, je ne peux pas, il a fermé la porte à clé !!!

Euhhhh !

La maîtresse demande au petit Toto :
– Dis-moi, Toto, quelle est la cinquième lettre de l'alphabet ?
– Euhhhhhhhh !
– Très bien, Toto !

Magasin de chaussures

Toto achète une paire de lacets.
– Et avec ça, demande le vendeur ?
– Avec ça, je vais attacher mes chaussures...

Napoléon

Le père de Toto dit à son fils :
– Révise ton contrôle ! Tu sais qu'à ton âge Napoléon était premier de la classe !
Toto lui répond :
– Et au tien, il était empereur !

Rien fait !

Le petit Toto demande à son instituteur :
– Monsieur, est-ce qu'on peut être puni pour quelque chose qu'on n'a pas fait ?
–Mais bien sûr que non, Toto, ça ne serait pas juste.
–Ah bah, ça me rassure, parce que je n'ai pas fait mes devoirs.

Secouez-moi

Marion demande à Toto :
– Pourquoi tu sautes comme ça ?
Toto lui répond :
– J'ai bu du sirop ce matin mais j'ai oublié de secouer la bouteille !

Le puzzle

Toto annonce fièrement à son père :
– Papa, j'ai battu un record.
– Ah bon, lequel ?
– J'ai réussi à faire en quinze jours un puzzle sur lequel il y avait écrit « de 3 à 5 ans ».

Pourquoi s'embêter !

Toto demande à son père de l'aider pour sa leçon de calcul :
– Bon, Toto, tu achètes deux crayons pour 4 euros ; comment fais-tu pour savoir le prix d'un crayon ?
– Ben, je regarde le ticket de caisse !

Toto aime le chocolat

– Maman, je voudrais du chocolat !
– Mais Toto, je viens de t'en donner un gros morceau !
– Oui, mais j'en voulais un petit !

Conjugaison

Le maître demande à Toto :
– Conjugue-moi le verbe marcher au présent.
– Je marche…, tu marches…, il marche…
– Plus vite ! Plus vite ! s'énerve le prof.
– Je cours, tu cours, il court…
Dans les pommes
La maîtresse demande à Toto :
– D'où viennent les pommes ?
– Des pommiers.
– Et les dattes ?
– Des calendriers, madame.

C'est quand même vexant !

La tante de Toto l'emmène au zoo. Il s'arrête devant la cage d'un singe et dit :

– Ho, Tatie, comme il te ressemble !

– Toto, ce n'est pas gentil ! répond sa tante.

– Mais ne t'inquiète pas ! répond Toto, il n'entend rien !

Coïncidence

Un professeur gronde le petit Toto :

– Toto, tu as fait quinze fautes à ton examen et, le plus étrange, c'est que ce sont exactement les mêmes fautes que ton voisin. Comment expliques-tu cela ?

Toto réfléchit, puis répond :

– C'est parce que nous avons le même professeur.

Made in China

Connaissez-vous la blague de Toto en Chine ?
Non ?
Moi non plus, il n'y avait plus de place dans l'avion !

Zéro !

Toto revient de l'école et annonce triomphalement à sa mère :
– Maman, je suis le seul de la classe à ne pas avoir eu un zéro !
– C'est bien, mon fils.
– Le prof a annoncé les résultats du devoir de calcul : « Léo zéro, Martial zéro, Hugo zéro et Toto idem. »

Bonne excuse

Toto a une bonne idée pour sécher l'école, il téléphone à sa maîtresse et lui dit :

– Allô, c'est la maîtresse ? Je vous téléphone pour dire que Toto est malade.

– Et qui est à l'appareil ?

– C'est mon père !!!

Quel âge ?

L'instituteur demande à ses élèves de deviner son âge.

Toto lève la main.

– Nous t'écoutons Toto, dit l'instituteur.

– Vous avez 32 ans, monsieur.

– Bravo ! Et comment as-tu pu le deviner ?

– C'est facile, répond Toto, ma grande sœur a 16 ans et elle est à moitié folle.

Les dangers de la télé

– Je pense que c'est vrai que la télé peut entraîner de la violence, dit Toto à un copain.
– Qu'est-ce qui te fait dire ça ? demande son copain.
– Eh bien, chaque fois que je l'allume, mon père me crie après !

C'est pas de ma faute !

Le jeune Toto rentre de l'école avec son carnet de notes désastreux.
– Quelle excuse vas-tu encore me donner, cette fois ? soupire sa mère.
– Eh bien, j'hésite entre hérédité et environnement familial.

Encore et encore

Toto rentre à la maison après sa première journée à l'école primaire. Sa maman lui demande :

– Alors Toto, tu as appris beaucoup de choses, aujourd'hui ?

– Pas assez en tout cas, répond Toto, ils veulent que j'y retourne demain.

Cours de géo

Un professeur de géographie montre à ses élèves une mappemonde.

Après leur avoir expliqué ce que sont la latitude, la longitude, les degrés et minutes, l'enseignant demande à un élève :

– Toto, si je vous donne rendez-vous pour dîner à 25 degrés 3 minutes de latitude nord, 19 degrés 11 minutes de longitude est, où nous retrouverons-nous ?

Toto, visiblement embarrassé, répond :

– Monsieur, je crois que vous allez dîner tout seul !

2 + 2 =

Toto rencontre un ami sur le chemin de l'école et lui dit :
– Je vais avoir un zéro en math !
– Tu en es sûr, Toto ?
– Aussi sûr que 2 et 2 font 5.

Les voisins

– Toto, où étais-tu, mon chéri ? demande sa mère à son fils.
– Dans le jardin, à jouer avec mon lance-pierres. Au fait, papa et toi qui vous demandiez quand vous alliez faire connaissance avec nos nouveaux voisins, les Martin, ben, je peux vous dire que c'est pour dans moins de cinq minutes.

problème de robinet

Le maître s'adresse à ses élèves :
– Je vais vous rendre vos devoirs de mathématiques. Il s'agissait d'un problème de robinet qui fuit. Toto, tu n'as rien répondu mais tu as écrit un numéro de téléphone. Pourquoi ?
– C'est le numéro de mon père, m'sieur, il est plombier.

Ça fait mal

Toto va voir sa maman en pleurant et lui dit :
– Maman, maman… je me suis fait mal !
– Où ça ?
– Là-bas !

Toto à vélo

Toto découvre son premier vélo. Au bout de quelques tours, il commence à se débrouiller. Alors, il appelle son père :
– Papa, regarde… sans les mains !
Deux tours après :
– Papa, regarde sans les pieds !
Mais, au troisième tour, son père ne le voit pas revenir. Il le guette. Toto apparaît enfin, le visage en sang :
– Papa, regarde, fans les dents !

Albums photos

Toto regarde les albums photos de la famille et demande à sa mère :

– C'est qui le monsieur à côté de toi sur la plage, celui qui a les cheveux bouclés et qui est tout musclé ?

– Lui ? interroge la maman, mais c'est ton papa !

– Mais alors, c'est qui le monsieur chauve et gros qui vit avec nous maintenant ?

Jusqu'à 10

Le matin, la maîtresse de Toto demande à ses élèves d'apprendre pour l'après-midi les nombres de 0 à 10.

Au repas de midi, Toto mange un œuf avec des pâtes, de la viande et un dessert.

L'après-midi, Toto rentre en classe et la maîtresse l'interroge :

– Vas-y, Toto, je t'écoute.

Toto :

– 1, 2, 3, 4, 5, 6, 7, 8, 10.

La maîtresse :

– Mais où est le 9, Toto ?

Toto :

– Bah… Je l'ai mangé !

Crème de beauté

Toto, intrigué, regarde sa maman se mettre de la crème de soin sur le visage :

– Qu'est-ce que tu fais, maman ?

– Je me mets de la crème pour paraître plus belle, mon chéri.

Et en disant cela, elle retire l'excès de crème avec un disque démaquillant.

Toto, qui n'en perd pas une miette, lui demande alors :

– Qu'est-ce qui se passe ? Tu abandonnes ?

Au voleur

Une nuit, la maison des parents Toto se fait cambrioler. Après avoir surpris le voleur, Toto lui court après et lui dit :

– Hé, monsieur ! N'oubliez pas mon carnet de notes.

Arroseur arrosé

– Où vas-tu, Toto ? demande sa maman à Toto.

– Je vais arroser les plantes.

– Mais il pleut dehors.

– Ne t'inquiète pas, je prends mon parapluie.

Deux fois plus de plaisir

La mère de Toto s'exclame :
– Pourquoi manges-tu ton éclair au chocolat en te regardant dans la glace ?
– Pour avoir l'impression d'en manger deux.

Pas de grossièreté

Les parents de Toto reçoivent des invités de marque. Ils avertissent Toto, très vulgaire comme d'habitude, d'en référer à eux avant de parler…
Le soir, les invités sont là. Tout le monde est à table, dans la bonne humeur. Toto lève la main et regarde son père :
– Ce que tu as à dire n'est pas grossier, j'espère ? l'interroge son père.
– Non, papa.
– Alors, vas-y !
– Qu'est-ce qui est long comme mon bras et qui a des poils ?
Toute la famille avale de travers… Son père devient rouge de colère.
– Mais, continue Toto, je parlais du maïs.

Toto mécano

Dans une famille de mécaniciens, Toto, le tout jeune fils de douze ans, vient de faire son premier tour en voiture tout seul… Et il revient sans la voiture.
– Qu'est-ce qui se passe, Toto ?
– Je crois que la voiture a de l'eau dans le carburateur, papa.
– Mais qu'est-ce qu'il est doué, mon fils ! s'exclame le père ébahi. Il a douze ans, il sait conduire une voiture, et si elle tombe en panne, il sait dire ce qui s'est passé. Tu seras un grand mécano comme papa, toi aussi. Et où as-tu laissé la voiture ?
– Dans le lac, papa.

Alphabet

La maîtresse demande à Toto :
– Quelle lettre vient après le A ?
– Toutes les autres, maîtresse !

Comme avec les bleus

Toto revient chez lui après avoir disputé un match de football. Sa mère lui demande :

– Alors Toto, comment ça s'est passé ?

– Super, répond Toto, notre équipe a très bien joué. À une minute de la fin, on a marqué un but !

– Et les autres ?

– Nos adversaires étaient vraiment nuls, c'est vraiment un hasard s'ils ont marqué six buts !

Encore des questions !

L'institutrice à Toto :

– Dis-moi, Toto, qu'est-ce que tu détestes le plus dans ta vie ?

– Les questions, madame, les questions.

Tricheur !

Le père de Toto est convoqué à l'école. L'institutrice le reçoit :
– Monsieur, je vous ai convoqué, car Toto, votre fils, triche aux interrogations !
– Ça m'étonnerait ! répond le papa de Toto, il est très sérieux, vous savez !
– Et pourtant, j'en ai la preuve avec le devoir de géographie d'hier. Toto a copié sur son voisin Kevin. La question posée était : « Quelle est la capitale de la France ? » Réponse de Kevin : Paris, réponse de Toto : Paris.
– Et alors, il n'y a rien de surprenant, dit le père de Toto.
– Oui, mais attendez, deuxième question : « Quelle est la deuxième plus grosse ville de France ? » Réponse de Kevin : Marseille, réponse de Toto : Marseille.
– Et alors, s'énerve le papa de Toto, il a bien travaillé, c'est tout !
– Oui, mais la troisième question était : « Quel est le produit national brut de la France ? » Réponse de Kevin : Je ne sais pas, réponse de Toto : Moi non plus !

Quelle chute !

La maman de Toto ne sait pas comment s'habiller. Elle demande alors à son fils :

– Toto, veux-tu regarder à la fenêtre si le thermomètre a chuté.

– Oh, là, là, oui !

– Il a chuté de combien, Toto ?

– Au moins six étages.

Leçon de calcul

– Toto, 20 centimes + 20 centimes, qu'est-ce que cela fait ?

– Deux chewing-gums à la boulangerie.

Plus dure sera la chute

Toto rentre de l'école et se précipite vers son papa pour lui dire :

– Tu sais, papa, pendant la récréation, je suis tombé d'une échelle de 50 mètres !

– Mon Dieu ! Mais tu as dû te faire très mal ! Il faut t'emmener à l'hôpital !

– Non, ça va, le rassure Toto, je suis tombé du premier barreau !

Calculatrice virtuelle

Toto n'arrive pas à compter de tête.

– Écoute, Toto, lui dit son père, imagine que tu as dans ta tête une mini-calculatrice, et que tu y inscris : 5 + 7, tu y arrives ?

– Non, papa, répond Toto, je crois que les piles sont à sec.

Trois kilos de choco

Pour son anniversaire, Toto a reçu 3 kilos de bonbons au chocolat.

Le soir en cachette, il mange tous ses bonbons.

Le lendemain matin, sa maman lui demande :

– Toto, où sont tes bonbons ?

– Mes bonbons ?

– Oui, tes bonbons au chocolat que tu as eus hier.

– Heuuuu, c'est le chien qui les a mangés.

– Tu es sûr ?

– Oh oui, maman, répond Toto. Je l'ai même disputé pour ça.

– Eh bien, allons voir.

La maman de Toto prend le petit chien et va le peser sur la balance. Poids total : 3 kilos.

– Alors Toto, c'est toujours le chien qui a mangé les 3 kilos de bonbons ?

– Oui, maman, insiste Toto.

– Alors, demande sa mère, où est passé le chien ?

Va jouer dehors !

Dans un avion, Toto se montre absolument épouvantable. Au bout d'un moment, une hôtesse de l'air lui saisit le bras, l'entraîne vers l'arrière et lui dit :
– Maintenant, mon petit, tu vas aller jouer dehors !

Comment s'appellent les habitants...

L'instituteur demande à Toto :
– Dis-moi, Toto, tu habites bien Lyon ?
– Oui, répond Toto.
– Et comment s'appellent les habitants de Lyon ?
– Je ne sais pas, répond Toto, j'y habite depuis pas assez longtemps pour connaître tout le monde !

Rédaction

Toto rend une rédaction : Racontez votre meilleur souvenir de vacances.

« On voulait tous partir en pique-nique mais, manque de pot, il pleuvait. Donc on est restés tranquilles à la maison. »

Sur mes genoux

– Viens t'asseoir sur mes genoux ! dit un gros monsieur à Toto.

– Je peux pas, répond Toto, y'a déjà ton ventre !

Bonbons et caramels

Toto entre dans une librairie et demande :

– Bonjour, avez-vous des bonbons et des caramels ?

– Non, petit, ici c'est une librairie.

– Tant pis pour vous, répond Toto, vous venez de perdre un client !

Comme ton père !

Toto dit à son père :
– Papa, à l'école, y a un grand qui m'a dit que je te ressemblais !
Le père de Toto, attendri par cette déclaration, veut en savoir plus :
– C'est vraiment gentil. Qu'est-ce que tu as répondu ?
– Oh rien, papa, il est beaucoup plus fort que moi !

KO

Le papa de Toto est furieux, il vient de prendre connaissance des résultats calamiteux de son fils en mathématique :
– Toto, c'est lamentable ! Tu sais seulement compter jusqu'à 10 ! Qu'est-ce que tu vas devenir ?
– Je sais, répond Toto, je serai arbitre de boxe !

Vilain petit canard

Toto visite une ferme pour la première fois. Tout à coup, il se précipite vers sa maman en pleurant :
– Maman, au secours, il y a un canard qui me court après et qui veut me mordre.
– Calme-toi, Toto, un canard ce n'est pas méchant. D'ailleurs, souviens-toi, tu en as mangé un dimanche dernier.
– Peut-être, répond Toto, mais celui-là, il n'est pas assez cuit !

Roméo et Juliette

Toto entre dans une bibliothèque et demande :
– Pour l'école, je dois acheter *Roméo et Juliette* de Shakespeare, l'avez-vous en magasin ?
– Mais oui, bien sûr.
– Génial ! répond Toto, alors donnez-moi Roméo et je viendrais emprunter Juliette la semaine prochaine.

La place

Dans le métro, à une heure de pointe, Toto est assis. Arrive une femme enceinte qui lui dit :
– Tu veux me donner ta place ? J'attends un bébé.
En râlant, Toto se lève et laisse sa place à la future maman.
Le métro redémarre et Toto dit à la dame :
– Bon, tu peux me redonner la place. Tu m'as dit que tu attendais un bébé, mais comme il n'est pas venu…

Cueillette de champignons

Toto va cueillir des champignons dans les bois. Un garde-champêtre lui demande :
– Tu es bien jeune pour cueillir des champignons.
– J'ai déjà 10 ans ! répond fièrement Toto.
– Mais est-ce que tu sais reconnaître les champignons comestibles des vénéneux ?
– Non, monsieur, répond Toto, mais ce n'est pas grave. C'est pas pour les manger, c'est pour les vendre…

Pauvre professeur !

Toto rentre de l'école et annonce fièrement à son père :
– Papa ! Tu vas être fier de moi ! J'ai été le seul à répondre à la question du maître !
– Et c'était quoi la question ?
– C'était : « Qui a posé son chewing-gum sur ma chaise ? »

Coucou !

Le maître donne le sujet de rédaction : « Racontez, en une centaine de mots, votre week-end ».
Toto rend sa copie au bout de cinq minutes et le maître y lit : « Je suis parti me promener en forêt et j'ai entendu le chant du coucou. Il faisait : Coucou, Coucou, Coucou, Coucou, Coucou, Coucou, Coucou, Coucou, Coucou, Coucou, Coucou, Coucou, Coucou, Coucou, Coucou, Coucou, Coucou, Coucou, Coucou, Coucou… »

Chair de baleine

Le maître d'école interroge ses élèves :
– Mange-t-on de la chair de baleine ?
– Oui, monsieur, répond Toto.
– Et comment fait-on ?
– On laisse les arêtes sur le bord de son assiette.

Mais qu'il est beau !

Une dame tombe en admiration devant le jeune Toto :
– Oh, mais comme il est mignon ! Il a les yeux de sa mère, le sourire de son père, les cheveux de son grand-père…
– Et même les vieilles baskets de son grand-frère ! ajoute Toto en râlant.

10 euros pour Toto

Le copain de Toto qui a besoin d'argent demande à Toto :
– Toto, tu as 10 euros sur toi ?
Et Toto s'écrie :
– Où ça ? Où ça ? Où ça ?

La liste des courses

La maman de Toto lui demande d'aller au supermarché et lui donne la liste des courses. Elle lui dit aussi d'emmener sa petite sœur avec lui. Toto rentre chez lui après avoir tout acheté et sa maman lui demande :
– Mais où est ta sœur ? Tu n'es pas rentré avec elle ?
– Bah non ! Elle n'était pas sur la liste !

C'est l'arbre qui cache la forêt

Toto monte sur une montagne avec son père. Celui-ci lui dit :
– Toto, regarde la belle forêt !
– Je vois rien, répond Toto, y'a les arbres qui me la cachent !

Les quantités

L'instituteur fait son cours sur les quantités.
– Comment s'appellent les mesures des liquides ?
– Le litre.
– Bien, quelles sont les mesures inférieures au litre ?
– Le millilitre, le centilitre et le décilitre.
– Très bien, les enfants. Et au-dessus du litre ?
– Moi, je sais, répond Toto, le bouchon !

Incassable

Toto vient demander à son père :
– Papa, c'est quoi un jouet incassable ?
– Un jouet incassable ?
– Oui.
– Eh bien, répond le père de Toto, c'est un jouet que tu reçois le jour de Noël et qui marche encore le jour de l'An.

La maîtresse m'embête

Toto rentre de l'école en pleurant :
– Maman, maman, la maîtresse, elle fait que m'embêter. Elle me pose exprès des questions trop difficiles, rien que pour pouvoir me gronder !
– Mais qu'est-ce que tu vas imaginer ? répond la maman de Toto. Les maîtresses ne cherchent pas à embêter les petits enfants !
– Si, je t'assure maman. Elle ne m'aime pas et cherche à m'humilier devant toute la classe en me posant des questions trop compliquées. C'est pas juste !
– Arrête de pleurer, Toto. Puisque tu insistes, je vais aller voir ta maîtresse et lui demander une explication.
Le lendemain, la maman de Toto accompagne son fils à l'école et dit à sa maîtresse :
– Vous n'avez pas honte de persécuter Toto en lui posant des questions trop difficiles ?
– Mais, madame, je vous assure que je ne maltraite pas votre fils. Je lui demande juste des choses parfaitement normales.
– En plus, s'énerve la maman de Toto, vous insinuez que mon fils est un menteur !
– Écoutez, madame, ne vous énervez pas. Je vais poser une question à Toto et vous jugerez par vous-même. Toto, concentre-toi bien et dis-moi combien font 2 + 2.
– Tu vois, maman, pleurniche Toto, tu vois, la voilà qui recommence !

Dans la famille poisson, je demande...

Le professeur demande à Toto :

– Nommez-moi trois membres de la famille des poissons.

– C'est facile ! répond Toto. Le papa poisson, la maman poisson, le fils poisson.

On ne peut pas compter sur Toto

Toto est interrogé par son professeur :
– 2 + 7= ?
– 8.
– Non, 9 ! 5 + 3 = ?
– 9.
– Non, 8 ! 6 + 3 = ?
– 10.
– Non, 9. Toto tu n'as pas appris tes additions ! Pour la peine, tu me copieras vingt fois : « Je dois apprendre mes additions. »

Le lendemain, Toto rend à son professeur sa punition où il a écrit quatorze fois : « Je dois apprendre mes additions. » Le maître le regarde sévèrement et lui dit :
– Toto, je t'avais demandé de le copier vingt fois et tu ne l'as fait que quatorze fois… Pourquoi ?
– Ben, monsieur, répond Toto, vous savez bien que je ne sais pas compter !

Question débile

Un instituteur raconte :
– En 1800, Napoléon Bonaparte écrasa les Autrichiens à Marengo.
Toto demande au maître :
– Qu'est-ce qu'il avait comme voiture ?

Tous punis !

C'est la sortie de l'école mais le jeune Toto sort tout seul.
Sa mère lui demande :
– Où sont les autres ?
– Ils sont tous punis !
– Mais pas toi, c'est bien !
– Non, répond piteusement Toto, moi je suis renvoyé !

Dans le bain !

Toto dit à sa mère :
– Maman ! Ma sœur hurle dans son bain !
– Alors sors-la, répond la mère.
– Impossible, c'est bien trop chaud !

Trop facile

La maman de Toto a trois enfants : Pim, Pam, et ?

Réponse : Non, pas Poum, Toto !

Comme ma soeur

La maîtresse dispute Toto :
– Votre rédaction sur les vacances est la même que celle de votre sœur !
– C'est normal, répond Toto, on était au même endroit !

Au fond du trou

Toto tombe dans un puits et son père vient à son secours :
– Attrape cette corde !
– Je peux pas avec les bras !
– Alors attrape-la avec les dents !
Une fois remonté, Toto est toujours accroché par les dents…
Son père lui demande :
– Alors, Toto, qu'est-ce qu'on dit ?
– Merci papaaaaaaaaaaaaaaaaaaaaa !!!
Booom !

Zéro pointé

Quelle est la différence entre un verre de limonade et le bulletin de notes de Toto ?
Aucune, ils sont tous les deux pleins de bulles...

Maman est une fée

Un matin, Toto dit à son père :
– Papa, j'ai découvert que maman était une fée !
– Ah oui, et pourquoi maman est-elle une fée ? lui demande son père.
– Parce que papy a dit qu'elle te faisait marcher à la baguette !

Sacré Charlemagne

La maîtresse demande à Toto :
– Pourquoi Charlemagne a-t-il inventé l'école ?
– Parce qu'il ne risquait plus rien. Il était trop vieux pour y aller.

Ne pleure pas

Toto rentre de l'école. Il a le genou écorché.
– Pauvre chou, tu as dû beaucoup pleurer, compatit sa maman.
– Non, c'était pas la peine, y'avait personne.

Peur des souris

La maîtresse explique à Toto :
– Mon petit, il ne faut pas avoir peur des souris.
– Non, madame, répond Toto, ce sont de gentils animaux, comme vous et moi.

Allô, quoi, t'as pas de shampoing...

L'institutrice corrige la dictée de Toto :
– Tu as écrit : « Il alla dans le shampoing. » Ça n'a pas de sens.
– Mais c'est vous qui l'avez dit, s'entête Toto.
– Non, j'ai dicté : « Il alla dans le champ. Point. »

Question d'orthographe

Le professeur demande à Toto :
– Toto, épelle-moi le mot « souris ».
– S, o, u, r, i.
– Et à la fin ?
– Ah oui, il y a une queue !

On sait tout

Toto dit à la maîtresse :
– Mon père et moi, nous savons tout, tout, tout !!!
La maîtresse ajoute :
– Ah bien, très bien. Dis-moi, Toto, quelle est la capitale de la Suisse ?
– Ah ça, c'est mon père qui le sait, madame !

Ça coule de source

Toto est à l'école et demande s'il peut aller aux toilettes. La maîtresse refuse, puis elle demande quel est le plus grand fleuve du monde et Toto répond :
– Il est sous ma chaise.

Il a raison Toto

L'enseignante demande à Toto :
– Par quelle lettre commence le mot « hier » ?
– Par un D, madame.
– Tu fais commencer hier par un D ? s'étonne l'enseignante.
– Bah, hier, on était bien dimanche, non ?

Un mouche

Le petit Toto dit à sa maman :
– Maman, regarde, un mouche !
– Mais non, Toto, c'est une mouche !
– Comment tu sais que c'est une femelle ?

Par tout temps

La maîtresse demande à Toto :
– Conjugue-moi le verbe savoir à tous les temps.
– Je sais qu'il pleut, je sais qu'il fait beau, je sais qu'il neige…

Formule de politesse

Toto va voir sa maman et lui demande :
– Est-ce que je peux avoir du chocolat ?
– Comment est-ce qu'on demande ? S'il…
– S'il en reste encore ?

Gros mots

La maîtresse essaie vainement de déchiffrer ce que Toto écrit sur sa feuille.
– Tu devrais écrire plus gros, Toto, je n'y vois rien.
– Ben, pourtant, je n'ai écrit que des gros mots, madame !

Monsieur et Madame

ont un fils

Pas comme les bleus

M. et Mme Un-but ont un fils, comment s'appelle-t-il ?
Jean-Marc (J'en marque un but).

Tu sais ou quoi ?

M. et Mme Ouquoi ont deux fils, comment s'appellent-ils ?
Ted et Bill (T'es débile ou quoi ?).

Méchant et minuscule

M. et Mme Robe ont un fils, comment s'appelle-t-il ?
Mick (Microbe).

Ça chlingue

M. et Mme Sapu ont deux fils, comment s'appellent-ils ?
Quentin et Gaspard ! (Quand un gaz part, ça pue).

C'est pas gentil

M. et Mme Diote ont une fille, comment s'appelle-t-elle ?
Kelly ! (Quelle idiote).

Pour faire du camping

M. et Mme Lagonflable ont un fils, comment s'appelle-t-il ?
Matt (Matelas gonflable).

Ça me rappelle quelque chose…

M. et Mme Nain ont trois filles, comment s'appellent-elles ?
Blanche, Neige et Lucette (Blanche-Neige et les sept nains).

Sors ton parapluie

M. et Mme Dipleu ont un fils, comment s'appelle-t-il ?
Omer (Oh, merde, il pleut).

Tâche ménagère

M. et Mme Vaisselle ont une fille, comment s'appelle-t-elle ?
Aude (Eau de vaisselle).

Mon petit doigt m'a dit

M. et Mme Culair ont une fille, comment s'appelle-t-elle ?
Laury (L'auriculaire).

Maison du toutou

M. et Mme Cheuduchien ont une fille, comment s'appelle-t-elle ?
Mélanie (Mets la niche du chien).

Vive le vendredi !

M. Bonwie a un fils, et Mme Dit a un fils, comment s'appellent-ils ?
Ken et Alain (Bon week-end et à lundi).

Une bonne tranche

M. et Mme Fonfec ont une fille, comment s'appelle-t-elle ?
Sophie (Saucisson sec).

Je ne répéterai pas deux fois

M. et Mme Kaécouter ont un fils, comment s'appelle-t-il ?
Xavier (Z'aviez qu'à écouter).

Famille nombreuse

M. et Mme Leufrigot ont cinq enfants, comment s'appellent-ils ?
Steve, Eudes, Hubert, Yann, Adam (Si tu veux du beurre, y'en a dans le frigo).

La maîtresse le dit souvent

M. et Mme Hutofond ont un fils, comment s'appelle-t-il ?
Sacha (Ça chahute au fond).

The voice

M. et Mme Cadémie ont une fille, comment s'appelle-t-elle ?
Sarah (Star Academy).

C'est le bouquet

M. et Mme Lesfleurs ont deux filles, comment s'appellent-elles ?
Elsa et Rose (Elles arrosent les fleurs).

Quel singe !

M. et Mme Outan ont un fils, comment s'appelle-t-il ?
Laurent (L'orang-outang).

Pour la PS3

M. et Mme Stick ont une fille, comment s'appelle-t-elle ?
Joyce (Joystick).

Quelle histoire !

M. et Mme Contequoilhistoire ont une fille, comment s'appelle-t-elle ?
Sarah (Ça raconte quoi l'histoire).

Au pied du sapin

M. et Mme Du Ciel ont cinq filles, comment s'appellent-elles ?
Betty, Baba, Noëlle, Candice, Sandra (Petit Papa Noël, quand tu descendras du ciel).

C'est bon ça

M. et Mme Mauve ont un fils, comment s'appelle-t-il ?
Guy (Guimauve).

Poubelle la vie

M. et Mme Aordures ont un fils, comment s'appelle-t-il ?
Ben (Benne à ordures).

C'est vert

M. et Mme Cot ont un fils, comment s'appelle-t-il ?
Harry (Haricot).

Avec de la mayo ?

M. et Mme Orléfritte ont une fille, comment s'appelle-t-elle ? Jade (J'adore les frites).

Miam !

M. et Mme Alavanille ont un fils, comment s'appelle-t-il ? Douglas (Dou glaces à la vanille).

gili gili

M. et Mme Touille ont un fils, comment s'appelle-t-il ?
Sacha (Ça chatouille).

Vroooooom !

M. et Mme Célère ont un fils, comment s'appelle-t-il ?
Jacques (J'accélère).

C'est rare

M. et Mme Menvussa ont un fils, comment s'appelle-t-il ?
Gérard (J'ai rarement vu ça).

Blagues débiles

Rien et Personne

C'est un homme qui s'appelle Rien et une fille qui s'appelle Personne.
Rien tombe dans un lac. Personne appelle la police pour sauver Rien, puis la police arrive chez Personne et lui demande son nom. Personne lui répond :
– Eh, moi, je suis Personne.
Le policier lui dit d'arrêter les blagues.
– Bon, je suis venu pour qui ?
Personne lui répond :
– Vous êtes venu pour Rien !...

Retour à l'envoyeur

Que fait-on quand un idiot nous lance une grenade ?
On l'attrape, on l'ouvre et on la lui relance !

Chaussure à son pied

– Maman, à l'école tout le monde dit que j'ai des très grands pieds ! dit une petite fille en pleurs.
– Mais non, ma puce ! lui répond sa mère, va enlever tes chaussures du garage pour que ton père puisse ranger le monospace !

Yes week-end !

Une blonde rentre au collège pour la première fois. Regardant son emploi du temps, elle dit :
– Trop bien, j'ai jamais cours le dimanche !

Sans B

Un homme se présente à un guichet :
– Bonjour.
– Votre nom, s'il vous plaît ?
– Kevin sans B.
– Pardon ?
– Kevin sans B !
– Pardon ?
– Kevin sans B !!!
– Mais il n'y a pas de B dans Kevin !
– Mais, c'est ce que je vous dis depuis une heure !

À bord du Titanic

Sur un navire en détresse, un passager aborde le capitaine.
– Capitaine, oh, mon capitaine ! Allons-nous couler ? Quelle est la distance vers la terre la plus proche ?
– Environ deux miles, monsieur.
– Dans quelle direction, capitaine ?
– Vers le bas, je le crains.

TNT

Sais-tu comment se sont rencontrés M. et Mme Dynamite ?
Dans une boum !

S'il te plaît, maman !

Une mère et son enfant discutent :
– Maman, je peux me maquiller ?
– Non.
– Je peux mettre une jupe alors ?
– Non.
– Et mettre des talons ?
– Non.
– Mais maman, j'ai 17 ans !
– Je sais, Kevin !

Les flèches

Un homme tourne autour d'un rond-point dans le mauvais sens, il se fait arrêter par un policier qui lui dit :
– Hé ! Vous n'avez pas vu les flèches ?
– Ben non ! m'sieur l'agent, ni les flèches... heu, ni les Indiens !

C'est moche !

Au musée, un monsieur râleur fait une visite guidée. Il demande au guide :
– C'est très laid ! Mais qu'est-ce que c'est ?
Le guide répond :
– C'est un tableau de Pablo Picasso, monsieur.
Il continue la visite et dit :
– Mais ça aussi, c'est très laid ! Mais qu'est-ce que c'est ?
Le guide répond :
– C'est un miroir, monsieur !

En dessous

Dans un magasin chic, un client s'adresse au vendeur :
– Votre pantalon est un peu cher, vous n'avez rien en dessous ?
– Si, un slip, pourquoi ?

Garou

Garou dans un parking demande au gardien :
– Hé, les gars ! j'me gare où ?

Plus vite, chauffeur !

Un bus plein à craquer descend une pente à toute vitesse. Un homme court derrière pour le rattraper. Un passager l'aperçoit, et lui crie par la fenêtre :
– Mon pauvre monsieur, vous n'y arriverez jamais ! Attendez le prochain !
– Je ne peux pas, répond-il, essoufflé, c'est moi le chauffeur !

Attenschtroumpf !

C'est un Schtroumpf, il court ! il court ! il tombe, et se fait un bleu !

Devinette débile

Pourquoi n'y a-t-il pas de chevaux au Japon ?
Parce qu'ils sont déjà poneys (des Japonais).

Boom !

Deux explosifs se rencontrent, le premier demande au deuxième :
– Alors, ça boom ?

Contrôle de police

Un agent de police arrête une voiture. L'agent de police demande :

– À combien roulez-vous ?

– À deux, mais si vous montez, on sera trois.

Livre passionnant

Une blonde est en train de lire un annuaire. Une autre blonde lui demande :

– Il est bien ton bouquin ?

– Ouais, pas mal, mais je trouve qu'il y a trop de personnages !

Fan de foot

– J'ai regardé un match de foot hier.
– Ah oui ? Et quel a été le score ?
– À la fin du match, c'était 0 à 0.
– Ah ! Et à la mi-temps, c'était combien ?

À l'envers

– Veux-tu que je te raconte une blague à l'envers ?
– D'accord !
– Bon, commence par rire !

Porte-monnaie imperméable

Un homme entre dans un magasin et dit :
– J'aimerais avoir un porte-monnaie imperméable.
– Désolé, monsieur, répond le marchand, nous n'en avons pas. Mais pourquoi le voulez-vous imperméable ?
– Je veux y mettre de l'argent liquide.

Ce rêve bleu

Deux pêcheurs sont en train de discuter :
– T'as fait une bonne pêche hier ?
– Oh oui ! Je ne sais pas comment j'ai fait. Il était gros… il faisait plus d'un mètre ! J'ai tiré pour l'amener sur la rive mais tellement tiré…
– Et après, et après…
– Bahh… ! Après, je me suis réveillé !

Un brin de folie

Une petite fleur de la campagne rencontre une petite fleur de la ville. La fleur de la campagne dit à l'autre :
– Mon Dieu, tu es vraiment empotée, toi !

Un bon blunkderkilmaskichtmeurkpaf

Un homme rentre dans un bar et demande :
– Bonjour monsieur le barman ! Je voudrais une blunkderkilmaskichtmeurkpaf à la menthe.
– Une blunkderkilmaskichtmeurkpaf à la quoi ?

Braquage

Un citron et une vache font un cambriolage, le citron dit :
– Pas un zeste, ze suis pressée.
La vache dit :
– Que personne ne bouze !

Des oeufs qui parlent !

Deux œufs sont dans une poêle…
L'un dit à l'autre :
– Tu ne trouves pas qu'il fait chaud ici ?
L'autre répond :
– Au secours ! Un œuf qui parle !

Le Martien fait le plein

Un Martien débarque dans une station-service et dit à une pompe à essence :
– Enlève ton doigt de ton oreille quand je te parle !

Le futur

Une dame va chez la voyante et demande :

– Je voudrais que vous me disiez le futur.

– De quel verbe, madame ?

C'est gonflé

Deux ballons se disputent, le premier dit :

– T'es gonflé !

Et l'autre répond :

– Et toi, tu ne manques pas d'air.

T'es une fille, t'as pas de shampoing !

Deux petites blondes sont sous la douche :
– Passe-moi un autre shampoing, s'il te plaît.
– Bah pourquoi ? Tu en as un à côté de toi.
– Bah, je sais, je ne suis pas complètement idiote, mais celui-là, c'est pour les cheveux secs et les miens sont mouillés.

Un dur métier

– Moi, j'ai toute l'année des ampoules dans les mains.
– Vous faites un travail difficile ?
– Non, je suis vendeur au rayon électricité.

Miroir, mon beau miroir

Pourquoi ne peut-on pas entrer dans les miroirs ?
Parce qu'il y a toujours un idiot qui essaie d'en sortir en même temps.

Histoire d'eau

Deux verres d'eau discutent :
– Tu n'as pas 10 euros ?
– Non, désolé, je suis à sec.

Couple de Martiens

Une Martienne à son mari :
– Chéri, tu ne prends pas ta soucoupe aujourd'hui ?
– Non, je ne suis pas dans mon assiette !

programme télé

Deux esquimaux pêchent sur la banquise. Soudain l'un d'eux s'écrie :
– Rentrons vite. À la télé, c'est l'heure d'*Hélène et les glaçons* !

Combien ça coûte ?

Dans un bureau de poste un homme demande :
– Je pourrais avoir un timbre à 1 euro ?
– Oui.
– Merci, je vous dois combien ?

Dans un Lavomatique

Deux machines à laver discutent :
– Je suis en pleine forme.
– Moi, répond l'autre, je suis lessivée.

SOS fantômes

Une jeune touriste américaine visite un vieux château écossais. À la fin de la visite, le guide lui demande si elle a aimé. La jeune touriste reconnaît qu'elle a eu un peur de voir débouler un fantôme.

– Ne vous affolez pas, je n'ai jamais vu un fantôme depuis que je suis ici.

– Et cela fait combien de temps ?

– Environ trois siècles...

Tout petit, petit

– Maman, c'est vrai que j'ai de toutes petites jambes ?

– Mais non, mon chéri, mais fais attention de ne pas trop user le bas de ton short en marchant.

Une très longue nuit

Dans un poste de police en Antarctique, un policier interroge un suspect :

– Que faisiez-vous durant la nuit du 28 octobre au 4 mars ?

Canular téléphonique

– Allô, monsieur Lapin ?
– C'est moi.
– C'est bien vous monsieur Lapin ?
– Oui.
– Alors, PAN !

Petite peste

Le réparateur de machine à laver est en train de travailler sous l'œil très attentif d'une petite fille. La petite lui demande :
– Tu es le réparateur de télévision ?
– Ah non, moi je répare les machines à laver.
– C'est pas vrai, insiste la petite, tu es le réparateur de télévision !
– Mais non, ma petite, je te dis que je suis le réparateur de machine à laver.
La petite se met à trépigner en hurlant :
– Non ! Tu es le réparateur de télévision !!!
Alors pour la calmer, le réparateur avoue :
– Bon oui, si tu veux, je suis le réparateur de télévision !
– Bah alors, s'énerve la petite fille, pourquoi tu touches à la machine à laver !

Les perroquets ne vont pas aimer

Un bègue entre dans un magasin où l'on vend des perroquets :

– Bon bon bon jour, je je je vou vou drais un pppppppérrr-rooo…

Le marchand le pousse vers la sortie et lui dit :

– Dehors, vous allez me gâcher ma marchandise !

Gros nez

– Maman, c'est vrai que j'ai un gros nez ?

– Mais non, mon petit. Mais arrête de renifler, va prendre un drap dans l'armoire et mouche-toi !

Clin d'oeil

Deux petits bonshommes verts débarquent de Mars, arrivent sur terre à Paris. Ils s'arrêtent devant un feu de signalisation au moment où il passe au vert.
– Tu as vu ? dit l'un des extraterrestres à son copain, elle me fait un clin d'œil.

Les Rois mages

Les Rois mages se dirigent vers Bethléem. Soudain, Gaspard descend de son chameau et pousse un cri à l'attention de ses deux alter ego.
– Hé, les gars, vous êtes sûr d'avoir enlevé les étiquettes des cadeaux ?

Pan, pan !

Tu connais la blague à deux balles ?
Pan, Pan !

Belle plage

Un type en maillot de bain marche tranquillement au milieu du Sahara :
– Incroyable, qu'est-ce qu'elle est grande cette plage !

Jetez l'ancre

Le bateau de croisière entre dans le port et les passagers entendent alors la voix du capitaine :
– Que tout le monde finisse son courrier en vitesse ! Je vais jeter l'ancre.

E et é

Un *e* parle avec un é.
– Tu peux répéter, je ne comprends rien avec ton accent !

En boîte... à outils

Deux vis parlent d'un tournevis :
– Oh, celui-là, quel beau gosse !
– Tu as raison ! Il nous a bien fait tourner la tête !

Deux petits anges

Deux anges font la causette :
– Quel temps fera-t-il demain ?
– Nuageux.
– Ah ! Tant mieux, on pourra s'asseoir.

Le bol et la tasse

Un bol et une tasse sont devant un évier :
– Je n'ai pas envie de plonger, dit le bol, à chaque fois je bois la tasse.
– C'est vrai, répond la tasse, tu n'as jamais eu de bol !

Perdus dans le désert

Deux hommes, perdus depuis des semaines dans le désert, se croisent au détour d'une dune.
– Monsieur, fait l'un à l'autre, vous êtes français ?
– Oui, j'habille Lille.
– C'est génial, moi aussi j'habite Lille.
– J'habite rue du Maréchal-Juin.
– Quelle coïncidence, moi aussi j'habite rue du Maréchal-Juin !
– Au numéro 5.
– Ah, moi, au numéro 23 ! Dommage, on aurait pu faire le reste de la route ensemble !

Vive le vent

Dracula et son copain sortent un soir mais le temps est épouvantable !
– Est-ce que c'est une tornade ? demande le copain.
– Mais non, répond Dracula, je te jure que moi, j'ai déjà vu des vents pires. (Vampires)

Drôle d'idée

– Kevin, pourquoi as-tu mis le journal au frigo ?
– Pour avoir des nouvelles fraîches.

Le fantôme de minuit

Un homme entre dans une maison hantée et se retrouve nez à nez avec un fantôme. Celui-ci lui dit :
– Bouhouuu ! Je suis le fantôme de minuit !
– Eh bah, repasse plus tard, répond l'homme, pas effrayé du tout, il est moins le quart !

Beurk

Deux hommes et un singe sont autour de la piscine d'un hôtel. Le directeur de l'hôtel arrive et leur dit :
– Cette piscine est magique. Plongez dedans en faisant un vœu et il se réalisera.
Le premier homme s'élance en criant « dollars » et il plonge dans la piscine remplie de dollars.
Ensuite, le singe s'élance et dit « bananes ». Aussitôt, il atterrit dans un gigantesque bain de bananes.
Enfin, le dernier s'élance, mais il glisse et se met à crier : « Crotte ! »

Tout retourné

C'est un 9 qui dit à un 6 :
– Eh, mais tu es tombé sur la tête !

Attention aux dents

Maman Vampire dit à bébé Vampire :
– Ne suce pas ton pouce, tu pourrais te blesser !

Le 8 et le 0

Un zéro rencontre un huit et lui dit :
– Tiens, tu as mis une ceinture ?

Tout nu

Comment dit-on : « Déshabille-toi » en japonais ?
Takatoutoté (T'as qu'à tout ôter !).

Fâchés

Comment se quittent deux œufs de Pâques qui se sont fâchés ?
Ils se quittent brouillés.

Le prof vampire

Comment appelle-t-on un professeur vampire ?
Un « ensaignant ».

Dans la famille volcan

Maman volcan dit à son fils :
– Tu te laves ?
Le bébé volcan répond :
–Oh, ça va… Y a pas le feu !

Papier toilette

Deux blondes sont en voiture, un oiseau fait caca sur le pare-brise. L'une dit :
– Va falloir l'essuyer.
– Tu crois, répond sa copine ? Il est déjà trop loin.

Au contraire

– Quel est le contraire de prout ?
– Pas prout !
– Quel est le contraire de rapluie ?
– Parapluie !
– Quel est le contraire de papy ?
– Py !

Il est trop bête

Dans une équipe de football, l'entraîneur dit au petit Kevin :
– Aujourd'hui, tu vas jouer avant.
– Ah, non, se met à pleurer Kevin, moi je veux jouer avec les autres !

C'est le comble !

On connaît la musique

Quel est le comble pour un professeur de musique ?
Distribuer des mauvaises notes à ses élèves.

ZZZZZZZZZZ !

Quel est le comble du paresseux ?
Se lever tôt le matin pour avoir une longue journée à ne rien faire.

Le prof de gym

Quel est le comble pour un professeur de gym ?
Tomber dans les pommes en faisant le poirier !

Dracula

Quel est le comble pour un vampire ?
C'est de se faire du mauvais sang.

C'est du vol

Quel est le comble pour un avion ?
D'avoir un anti-vol.

Le comble d'Harry

Quel est le comble pour Harry Potter ?
Aller acheter sa baguette à la boulangerie.

Le grand méchant loup

Quel est le comble pour un loup ?
De jouer à saute-mouton.

Comble du renard

Quel est le comble pour un renard ?
De se faire poser un lapin.

Sculpteur

Quel est le comble pour un sculpteur ?
D'avoir un bras dans le plâtre.

La clef

Quel est le comble de la clef ?
C'est de se faire mettre à la porte.

COMMENT ?

Quel est le comble pour un sourd ?
De s'appeler Louis (l'ouïe).

La petite sirène

Quel est le comble pour une sirène ?
C'est qu'on lui casse les pieds.

Chat va pas ?

Quel est le comble pour un chat ?
C'est d'avoir un appétit d'oiseau !

Juge gourmand

Quel est le comble pour un juge gourmand ?
C'est de manger des avocats.

Sur le ring

Quel est le comble pour un boxeur ?
De recevoir une pêche en pleine poire et de tomber dans les pommes pour qu'il ne ramène plus sa fraise.

Cordonnier

Quel est le comble pour un cordonnier ?
Avoir les dents qui se déchaussent !

C'est un vilain défaut !

Quel est le comble de la gourmandise ?
Parler le plus rapidement possible pour manger ses mots...

Bonne mine

Quel est le comble du médecin ?
C'est d'examiner un crayon pour voir s'il a bonne mine.

Elles sont où ?

Quel est le comble de la distraction ?
Avoir perdu ses lunettes et les mettre pour les chercher !

Pilote

Quel est le comble pour un aviateur ?
Faire pipi sur le mur du son !

Les devinettes les plus drôles

Allez les bleus

Quelle est la différence entre le footballeur Benzema et un hématome ?
L'hématome est un bleu qui marque !

Twilight

Que dit le vampire de la série *Twilight* après avoir saigné une jolie créature ?
– Merci « beau cou ».

Trop magnon !

Qu'est-ce qu'une maman dinosaure raconte à son bébé dinosaure ?
Une préhistoire !

Secret Story

Quel est le point commun entre une veste et un jeune participant à l'émission *Secret Story* ?
Tous les deux ont des boutons.

Je sais tout !

Qui suis-je ? Je vois tout ! Je sais tout !
Non, je ne suis pas Dieu… j'ai juste Faceboook !

Fan de…

De quel chanteur Christophe et Will sont-ils fans ?
Christophe Willem (Christophe Will aiment).

Chat brésilien

Comment appelle-t-on un chat vivant au Brésil ?
Un chariot (chat Rio).

Splash !

Quel est le sport le plus cool ?
La plongée.

Il faut le fer

Quelle est la différence entre la tour Eiffel et un prisonnier ?
L'une est en acier et l'autre en taule !

Énigme

Combien d'animaux de chaque espèce Moïse emporta-t-il dans son arche ?
Ce n'est pas Moïse qui avait une arche mais Noé !

Pas si facile

Qu'est-ce qu'une feuille découpée en deux ?
Un puzzle pour blonde !

C'est bizarre

J'ai cinq jambes, un bras, dix têtes, et trois oreilles, qui suis-je ?
Un menteur !

Tic, tic, tic, tic, tic…

Qu'est-ce qui fait 999 fois tic et une fois toc ?
Un mille-pattes avec une jambe de bois.

Ça ne doit pas être très bon

Quel est le dessert préféré de la poule ?
La mouche au chocolat.

Avion et Scotch

Quelle est la différence entre un avion et du Scotch ?
Le Scotch ça colle et un avion ça décolle !

Attention au piège

Une pomme qui est rouge, jaune et verte, comment l'appelle-t-on ?
On la pèle avec un couteau.

Réponse à tout

Où a été signée la Déclaration d'indépendance des États Unis ?
En bas de la feuille !

Le mot le plus long

Quel est le plus long mot de la langue française ?
Élastique, car il s'étire, s'étire…

Des chiffres et pas de lettre

Quels chiffres dit une poule quand elle pond un œuf ?
4 4 4 7 1 9.

Ça tombe

Qui naît propre et meurt dans la boue ?
La neige.

Ils n'aiment pas ça !

Quel est le fruit que le poisson aime le moins ?
La pêche.

Quel pays ?

Dans quel pays ne bronze-t-on pas du nez ?
Au Népal (nez pâle).

Au voleur !

Que fait un Pokémon dans ton jardin ?
Il pique un chou (Pikachou).

Champion olympique

Quel est le poisson préféré des athlètes ?
La perche.

Point, à la ligne

Pourquoi les poètes sont-ils de bons pêcheurs ?
Parce qu'ils mettent des vers au bout de leurs lignes.

Au bal masqué

Pourquoi les voleurs aiment-ils le carnaval ?
Parce qu'ils adorent sortir masqués !

Trouve la maison

La maison bleue est au bord de la mer, la maison jaune est au coin de la rue, la maison verte est au bord du chemin, où est la maison blanche ?
À Washington.

Bonne fête

À quelle époque de l'année fête-t-on les chats ?
À la mi-août (miaou).

Essai de piéger ta maîtresse

Janvier ça commence par un J, et pourtant ça commence par un P.
Pourquoi ?
Parce que « pourtant » ça commence par un P.

Ascenseur et cheminée

Quelle est la différence entre une cheminée et un ascenseur ?
La cheminée fait des cendres et l'ascenseur fait monter.

Beaucoup de dents !

Quel animal a le plus de dents ?
La petite souris.

Illisible

Quelles sont les lettres de l'alphabet les plus illisibles ?
F, A, C (effacé).

Sucre pas sucré

Qu'est-ce qui contient du sucre sans être sucré ?
Un sucrier.

Bip Bip Bip !

Combien de reines faut-il pour faire une alarme ?
Six (sirène).

Solfège

Quelle est la note de musique la plus basse ?
Fa, parce qu'elle est sous le *sol*.

C'est pas du gâteau !

Quel est le point commun entre un pâtissier et un ciel orageux ?
Tous les deux font des éclairs.

Collant

Qu'est-ce qui est rose et qui vole de liane en liane ?
Un chewing-gum collé aux fesses de Tarzan.

Stand-up

Quel comique ne s'assied jamais ?
Djamel Debout.

Jolie énigme

Je commence par la lettre *e*, je finis par la lettre *e* et ne contiens qu'une lettre. Que suis-je ?
Une enveloppe.

C'est facile !

Qu'est-ce qui est rouge et qui sent comme la peinture bleue ?
De la peinture rouge.

Allez les bleus

Qu'est-ce qui est bleu dans un pré ?
Une vache en survêtement.

Trompette !

Quel est le contraire d'un instrument à vent ?
Un instrument après.

Point commun

Quel est le point commun entre le soleil, un supermarché et une roue de vélo ?
Ils ont tous des rayons.

Ils n'aiment pas chats !

Pourquoi les chats n'aiment-ils pas l'eau ?
Parce que dans l'eau, minet râle (l'eau minérale).

Super pouvoir

Qui est-ce qui parle toutes les langues mais qui n'a jamais étudié ?
Le téléphone.

C'est super !

Où les super héros vont-ils faire leurs courses ?
Au Super Marché !

C'est méchant !

Qu'est-ce qui est bête et rempli d'eau ?
Une gourde.

Dingo !

Comment appelle-t-on un fruit fou ?
Une orange givrée !

Très dangereux

Qu'est-ce qui est petit, jaune, noir et dangereux ?
Un poussin avec une mitraillette.

Meuuuh non !

Pourquoi les vaches ont-elles des taches ?
Parce qu'elles ne mangent pas proprement.

Histoire de serpents

Que demande un serpent à un autre serpent ?
Quelle heure reptile !

Parlez-vous japonais ?

Comment appelle-t-on un ascenseur au Japon ?
Ben, en appuyant sur le bouton...

Bataille navale

– Un poisson rouge et un sous-marin entrent en collision. Qui est fautif ?
– Le sous-marin.
– Pourquoi ?
– Parce qu'il n'a rien à faire dans le bocal.

N'importe quoi !

Qu'est-ce qui est jaune et qui traverse les murs ?
Une banane magique !

Faut pas être bête !

Pourquoi met-on une selle sur un cheval ?
Parce que si on la met dessous, elle tombe.

Ça ne les fait pas rire

Quel est le genre d'humour que les dindes n'aiment pas ?
Les farces.

Attention danger

Qu'est-ce qui est rose et vert, qui monte et qui descend et qui est extrêmement dangereux ?
Un petit pois, torse nu, dans un ascenseur, avec une mitraillette.

Je donne la mienne au chat

Qu'est-ce qui est mouillé mais qui est toujours à l'abri ?
La langue.

Ça bosse, bosse, bosse

Quel animal a trois bosses ?
Un chameau qui s'est cogné la tête !

Elle est magique

Harry Potter en a une, Ron a cassé la sienne dans *Harry Potter et la chambre des secrets* et on en achète une à la boulangerie.
Que suis-je ?
Une baguette.

Ils chaussent du combien ?

Pourquoi les éléphants nagent-ils sur le dos ?
Pour ne pas mouiller leurs baskets !

Tlés drôle

– Qu'est-ce qu'un « lapide » ?
– Un tlain qui va tlès tlès vite.

Migrateur

Savez-vous ce qu'est un oiseau migrateur ?
C'est un oiseau qui ne se gratte que d'un côté.

Il fait mal !

Quel légume est petit, blanc et fait mal ?
L'ail.

Tout nu

Avec quoi pouvons-nous nous promener dans la rue, tout nus, sans nous faire remarquer ?
Avec un stylo dans la main, car le stylo à bille (habille).

Trop cool !

Quel est le pays le plus cool ?
Le Yémen (Yeah, men !).

Super zéro

Que dit le bébé de Spiderman au réveil ?
– Zut, alors, j'ai encore tissé au lit.

Bien dit !

Quelle est la différence entre l'intelligence et un parachute ?
Aucune. Quand on n'en a pas, on s'écrase.

Demande à Dracula

Quelle est l'expression préférée des vampires ?
Bon sang...

Pétard

Que font deux brosses à dents le 14 Juillet ?
Un feu dentifrice (d'artifices).

Ça pique

J'ai une tête et ne manque pas de piquant, que suis-je ?
Une aiguille.

Dur de la feuille

Comment appelle-t-on un lapin sourd ?
[Crier fort] LAAAAPIN…

Tintin et Milou

Quelle est la différence entre Tintin et Milou ?
Milou n'a pas de chien.

Pourquoi tu pleures ?

Qu'est-ce qui pleure quand on lui ouvre la tête ?
Un robinet.

Quelle salade !

Que dit un oignon quand il se cogne ?
– Aïe !

Champion du monde

Pourquoi le foot c'est rigolo ?
Parce que Thierry en rit (Thierry Henry).

Con-jugaison

Quel est le pluriel du mot voleur ?
Valise, car un voleur dévalise.

Un animal heureux

Pourquoi le hibou est-il heureux ?
Parce que sa femme est chouette.

Justinnnnnn

Comment reconnaît-on Justin Beiber dans un cinéma ?
C'est le seul qui cherche la télécommande.

De fil en aiguille

Quelle est l'étoile la plus sale ?
L'étoile d'araignée !

Même pas vrai !

Je suis plus long quand je suis faux, que suis-je ?
Un cil.

Complétement débile !

Pourquoi Mickey Mouse ?
Parce que Mario Bros.

Même ta prof elle ne trouvera pas !

On me trouve chez l'homme mais pas chez la femme, dans une pomme mais pas dans une banane, dans un avion mais pas dans un bateau.
Qui suis-je ?
La lettre O.

Cache-cache

Un steack derrière un arbre, qu'est-ce que c'est ?
Un steack haché (caché).

Sale bête

Quel animal a six pattes et marche sur la tête ?
Un pou.

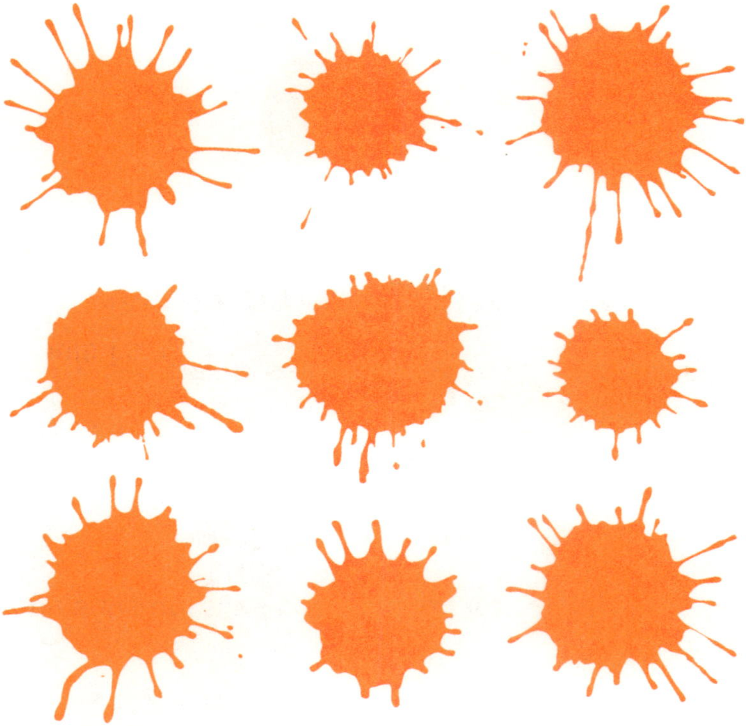

C'est pas un avion

Je suis noir et rouge et je vole. Qui suis-je ?
Une mouche qui saigne du nez !

Allô, non, mais Halloween

Pourquoi les citrouilles ne disent-elles jamais rien ?
Parce qu'elles ont la tête creuse.

Tour de la maison

Qu'est-ce qui fait le tour de la maison sans jamais s'arrêter ?
Les murs.

Attention au piège

Autour d'un cocotier, il y a un singe, une girafe et un serpent.
Lequel attrapera une banane en premier ?
Tu as déjà vu une banane sur un cocotier ?

Le croco et le bébé

Quelle est la différence entre un crocodile et un bébé ?
Le crocodile fait son lit dans une mare et le bébé, la mare dans son lit.

N'importe quoi !

Quelle est la couleur des petits pois ?
Rouge, car les petits pois sont rouges (les petits poissons rouges).

Question d'histoire

Que s'est-il passé en 1111 ?
L'invasion des Huns.

Ça trompe

Qu'est-ce qui est plus gros qu'un éléphant et qui pèse une plume ?
Son ombre !

Trop moche

Quel animal pas très beau vit à la montagne ?
Le chat laid (chalet).

Allô, la police ?

Quels sont les chiffres préférés d'un inspecteur de police ?
1 10 (indice).

Je vois loin

Qu'obtient-on en étirant un œil ?
Une longue vue !

Glou-glou

Qu'est-ce qui est vert et qui se déplace sous l'eau ?
Un choux marin.

Allez le PSG !

Comment appelle-t-on un vampire passionné de foot ?
Un mordu.

Joyeux anniversaire

Où les enfants entrent-ils à 3 ans ?
Dans leur quatrième année.

Debout et couché

Quand je suis debout, il est couché.
Quand je suis couché, il est debout.
Qui est-ce ?
Mon pied !

C'est la fin de la faim

Quelle occupation de la journée commence-t-on à deux reprises par la fin ?
Le repas (commencé par la faim).

Question d'orthographe

Qu'est-ce qu'un bûcheron sans hache ?
Un bûceron.

Cocorico

Un coq perché sur une seule patte pond un œuf. Va-t-il tomber à droite ou à gauche ?
Ni l'un ni l'autre, le coq ne pond pas d'œuf !

Généreux

Quel est l'animal le plus généreux ?
Le poulain, car quand y'en a poulain, y'en a poulautre !

Qui me suit ?

Dès le lever du jour, je te suis partout. Mais à la tombée de la nuit, je disparais. Qui suis-je ?
Ton ombre !

Le fantôme

Que dit un fantôme quand il a des ennuis ?
– Oh, là, là ! Je suis dans de beaux draps !

OUPS !

Qu'est-ce qui est blanc en l'air et jaune par terre ?
Un œuf.

Pas facile comme devinette !

Quelle est la différence entre une chaise et un métro ?
Aucune, le métro est souterrain et la chaise est sous tes reins.

Tour de magie

Je suis une petite pierre blanche qui tombe dans la mer Noire.
Après un léger tourbillon, je disparais. Qui suis-je ?
Un sucre.

Ce n'est pas notre drapeau !

Qu'est-ce qui est bleu-blanc-rouge ?
Un Schtroumpf qui saigne du nez.

Le pluriel

Quel est le pluriel d'un Coca ?
Des haltères. Car un Coca désaltère.

Top chef

Quel est le plat préféré des vampires ?
Des croque-monsieur.

Réveil sans bruit

Je ne fais pas de bruit quand je me réveille mais je réveille tout le monde. Qui suis-je ?
Le soleil.

Une énigme pour Harry Potter

Un jour Rogue interroge Harry Potter :
– J'étais beau, c'est du passé ; je suis beau, c'est quoi, Harry ?
Que répond Harry Potter ?
– Un mensonge, monsieur !

Dracula à la Star Ac

Que chante Dracula le soir d'Halloween ?
– Boire un p'tit coup, c'est agréable…

Question de math

Une maman a cinq enfants et quatre pommes, comment fait-elle pour donner la même part à chaque enfant ?
Elle fait de la compote.

Fallait y penser

Comment fait un éléphant pour descendre d'un arbre ?
Il se met sur une feuille et il attend l'automne !

Vrooom

Qu'est-ce qui est vert et qui va très vite ?
Une grenouille sur une moto !

Des clics

Pourquoi les éléphants n'ont-ils pas d'ordinateur ?
Parce qu'ils ont peur des souris !

Y a un os !

Comment appelle-t-on deux squelettes bavards ?
Des haut-parleurs (os parleurs).

Conte de fées

Quelle est la fée la plus paresseuse ?
La fée Néante (fainéante).

Super Zéro

Qu'est-ce qui est rouge avec une cape ?
C'est Super-Tomate !

Les étoiles

Quelle est l'étoile la plus proche de la terre ?
L´étoile de mer !

Chat vous fait rire ?

Combien de temps peut vivre une souris ?
Ça dépend des chats.

Qui suis-je ?

J'ai un chapeau, mais pas de tête. J'ai un pied, mais pas de chaussures. Qui suis-je ?
Le champignon.

Comme maman !

Quelle est la différence entre une mère et une théière ?
Les deux ont de la bon thé (bonté).

Très mauvaise idée

Que ne faut-il jamais faire dans un sous-marin ?
Une journée portes ouvertes !

Je ne sais pas

Pourquoi les souris n'aiment-elles pas les devinettes ?
Parce qu´elles ont peur de devoir donner leur langue au chat.

Beurk

Qu'est-ce qui est jaune et plein de poils ?
Une tartine beurrée tombée sur la moquette.

Babi et Baba

Deux chèvres sont sur un bateau : Babi et Baba.
Baba tombe à l'eau. Que se passe-t-il ?
Baba coule et Babi bêle (baba cool et Babybel).

Ça tombe

Qu'est-ce qui tombe sans tomber ?
La nuit.

Complétement Schtroumpf

Pourquoi le Schtroumpf à lunettes a-t-il été emprisonné pendant deux ans ?
Parce qu'il a schtroumpfé.

Les savants

Savez-vous pourquoi les savants ont des trous de mémoire ?
Parce qu´ils se creusent la tête.

Question piège

Comment s'appelle le journal publié chaque semaine au Sahara ?
Un hebdromadaire.

Atchoum

Quelle est la couleur du virus de la grippe ?
Gris pâle (grippal).

Allô, non mais, allô quoi !

Qu'est-ce qu'une douche sans eau ?
Une duche (douche sans *o*).

Comme Usain Bolt

Quel est l'animal qui court le plus vite ?
Le pou, parce qu´il est toujours en tête !

Le chat et le stylo

Quelle différence y a-t-il entre un chat et un stylo ?
Le chat griffe et le stylo graphe !

prison break

Deux chevaux partent en vacances en Afrique et voient un zèbre. L'un dit à l'autre :
– Oh ! Un prisonnier évadé !

Comme Harry Potter

Quel est le point commun entre un chef d'orchestre et Harry Potter ?
Tous les deux ont une baguette.

ZZZZZB ! ZZZZZB !

Qu'est-ce-qui fait « ZZZZZB ! ZZZZZB ! » ?
Une abeille en marche arrière.

Blablague

Comment ramasse-t-on la papaye ?
Avec une foufourche.

Bonne énigme

Qu'y a-t-il entre toi et moi ?
Et.

Le monde à l'envers

Je suis grande avant d'être petite. Qui suis-je ?
Une bougie.

Tu ne trouveras jamais !

Je voyage en restant toujours dans un coin. Qui suis-je ?
Un timbre.

Papy et mamy

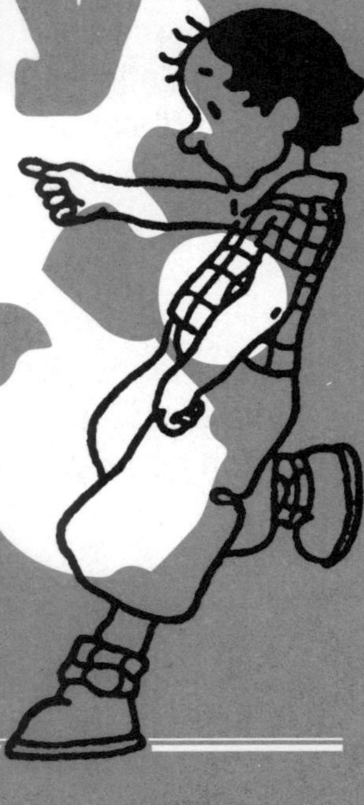

La confiance règne

– Tonton, tu aimes la glace au chocolat ?
– Oui, ma chérie.
– Tata, tu aimes la glace au chocolat ?
– Oui, ma chérie.
– Papa, tu aimes la glace au chocolat ?
– Oui, ma petite fille adorée.
– Grand-mère, tu aimes la glace au chocolat ?
– Oui, ma chérie.
– Maman, tu aimes la glace au chocolat ?
– Non, ma chérie, je préfère à la fraise.
– Ah ! Enfin ! Tu peux me la garder, ma glace au chocolat ? J'ai envie d'aller aux toilettes…

MDR

Une mamie pense que MDR veut dire « merci de rappeler ». Elle envoie un jour un SMS à sa petite-fille :
« Ton grand-père est à l'hôpital MDR ! »

Les histoires de Papy

Un grand-père raconte à son petit-fils :
– Un jour, je naviguais sur le Nil. J'ai été attaqué par vingt crocodiles et je les ai tous abattus.
– Papy, quand tu m'as raconté cette histoire, l'année dernière, il n'y avait que dix crocodiles.
– Euh… Oui, répond Papy très gêné, mais tu étais trop jeune pour connaître toute la vérité.

Tout petit

– Grand-mère, c'est vrai que je suis tout petit ?
– Mais non… Pas du tout ! Mais sors donc de ma poche !

DVD

Un grand-père discute avec son petit-fils :
– Mon petit, je vais partir en week-end à Paris. Veux-tu que je t'achète des DVD ?
– Oh oui, papy !
– Mais je ne sais pas comment les choisir. Tu sais, ma génération ne connaît pas bien le cinéma actuel !
– Écoute, c'est très facile, répond le petit, chaque fois que le vendeur te proposera un film et que tu diras : « C'est horrible ! »... tu peux le prendre, il me plaira.

Boîte aux lettres

Un papy se dirige en peignoir vers sa boîte aux lettres, regarde à l'intérieur, referme la boîte et rentre chez lui en ronchonnant. Cinq minutes plus tard, il revient à sa boîte aux lettres, regarde de nouveau son contenu et repart de plus en plus énervé. Le papy répète ce manège durant une partie de la matinée jusqu'à ce qu'un voisin, intrigué, lui demande :
– Quelque chose qui ne va pas ce matin ? Vous n'arrêtez pas d'aller vérifier le contenu de votre boîte aux lettres.
– Mais non, pas du tout. Mais mon satané ordinateur n'arrête pas de me dire que j'ai du courrier !

Papy caramel

Au cinéma, un papy dérange sa voisine au moment le plus intéressant du film.

– Qu'est-ce que vous cherchez ? râle la file.

– J'ai perdu mon caramel.

– Tout ça pour un caramel ! s'énerve la fille.

– Bah oui, répond le papy, il y a mon dentier qui est collé avec.

Il faut toujours écouter sa mamy

Kevin se promène avec sa grand-mère dans la rue. À un carrefour, il trouve un billet de 5 euros, il le prend et sa grand-mère lui dit :

– Kevin, on ne ramasse pas les choses par terre !

Puis, 100 mètres plus loin, Kevin trouve un élastique, il le prend et sa mamie lui dit :

– On ne ramasse pas les choses par terre !

Puis, lorsqu'ils arrivent devant l'immeuble de la grand-mère, la petite vieille glisse et demande à Kevin de l'aider pour se relever.

– Ah non, mamie, répond le petit, on ne ramasse pas les choses par terre !

Comment va papy ?

Un vieux monsieur de 90 ans rencontre un gamin de dix ans et lui demande :
– Dis-moi, comment va ton grand-père ?
– Très bien, monsieur, et le vôtre ?

Mamy gâteuse

– Bonjour Martin.
– Bonjour mémé.
– Si tu me dis combien j'ai de bonbons dans ma main, je te les donne tous les deux.
– Tu en as deux !
– Qui te l'a dit ?

Trou de mémoire

Une mamy rend visite à son médecin :
– Docteur, j'ai des trous de mémoire, que dois-je faire ?
– Me payer d'avance, madame !

Aucun danger

Un petit garçon demande à sa mamy :
– Grand-maman, as-tu des bonnes dents ?
– Malheureusement non, mon petit…
– Très bien ! Tu peux surveiller mes caramels ?

Trop triste

La grand-mère de Kévin lui demande :
– Tu n'es pas trop triste que je parte demain ?
– Oh si, grand-mère, j'aurais préféré que tu partes aujourd'hui !

L'âge de l'arrière-grand-mère

Une petite fille demande à son arrière-grand-mère :
– Dis, mamie, quel âge as-tu ?
Et l'aïeule qui se sent vieille, très vieille :
– Heu... je suis née en 1923... et nous sommes en 2010, non en 2013, ça fait donc 2013 moins 1923... heu, ça fait....
– Mais mamie, interrompt la petite, pourquoi tu te fatigues comme ça, tu n'as qu'à regarder dans ta petite culotte !
– Dans ma petite culotte, comment ça dans ma petite culotte ?
– Ben oui, moi quand je regarde dans ma petite culotte, j'ai une étiquette, c'est marqué « 5 ans » !

Papy coiffeur

– Es-tu coiffeur, papy ? demande Léa à son grand-père.
– Non, pourquoi ?
– Parce que maman a dit que tu frisais la cinquantaine, et papa, que tu allais nous raser tout l'après-midi.

Complètement miro !

Une mamy entre dans un magasin et dit :
– Monsieur, j'ai un besoin urgent de lunettes.
– C'est ce que je vois, répond le commerçant, car ici vous êtes dans une boulangerie !

Mamy sourdingue !

Une petite fille écrit une lettre à sa grand-mère. Avant de la poster, elle va la montrer à sa maman.
– C'est très bien, ma chérie, lui dit sa maman, mais pourquoi as-tu écrit si gros ?
– Mais maman, tu sais bien que Mamy est sourde !

Mauvaise voie

Dans le train, le contrôleur dit à une mamy :
– Votre billet est pour Paris. Or ce train va à Nantes.
– C'est ennuyeux, grommelle la voyageuse. Et ça arrive souvent au conducteur de se tromper comme ça ?

Gros mammifère

Le professeur s'adresse à Kevin et dit :
– Dis-moi le nom d'un mammifère sans dents.
– Euuuuh! Ma grand-mère…

Mamy M&m's

Un petit garçon, rendant visite à sa grand-mère, s'empiffre de cacahuètes tandis que celle-ci lui raconte de longues histoires. Avant de partir, il la remercie pour son accueil ainsi que pour les cacahuètes.
– Il n'y a pas de quoi, mon petit. À mon âge, je ne peux plus que sucer le chocolat qu'il y a autour des M&M's.

Lost

Un petit garçon pleure à chaudes larmes sur le trottoir. Une mamy s'approche de lui et lui demande :

– Pourquoi pleures-tu ?

– Parce que je suis perdu.

– Ne pleure pas, mon petit. Tu connais ton adresse ?

– Non, je ne m'en souviens plus, nous avons déménagé hier.

– Ce n'est pas grave, dis-moi le nom de ta maman.

– Bouhhhh, pleure le petit, je ne sais pas non plus, elle s'est remariée hier !

Lis sur mes lèvres

Dans le métro, une petite vieille est assise en face d'un ado qui mastique un chewing-gum. Au bout de cinq minutes, la mamy lui dit :

– Jeune homme, inutile de me parler, je suis complétement sourde.

De pis en pis

Un jeune garçon va voir ses grands-parents à la campagne :
– Bonjour papy, dis-moi, elle va comment mamy ?
– Oh, boudiou, elle va de pis en pis.
– Ah bon, elle est malade ?
– Non, elle trait les vaches !

Général de division

Un gamin demande à son grand-père :
– Papy, c'est vrai que tu étais général de division ?
– Oui, pendant trente ans ! répond fièrement le grand-père.
– Cool, tu vas m'aider à faire les miennes, j'ai interro de maths demain.

Les charades les plus marrantes

Ça fait peur !

Mon premier est une peur bleue.
Mon deuxième est une peur bleue.
Mon troisième est une peur bleue.
Mon quatrième est une peur bleue.
Mon cinquième est une peur bleue.
Mon sixième est une peur bleue.
Mon tout est un légume orange étrange.

Réponse : Citrouille (six trouilles)

Où c'est ?

Mon premier est un outil.
Mon deuxième est un pronom possessif.
Mon troisième, ce n'est pas un ni une demie.
Mon tout est un endroit.

Réponse : Cimetière (scie-me-tiers)

Quel fruit ?

Mon premier est un métal précieux.
Mon dernier se trouve dans les cieux.
Et mon tout est un fruit délicieux.

Réponse : Orange (or-ange)

C'est un légume ?

Mon premier est un fruit.
Mon second est un chiffre entre 1 et 5.
Mon troisième est notre planète.
Mon tout est un légume.

Réponse : Pomme de terre (pomme-deux-terre)

À côté de la souris

Mon premier a de la valeur.
Mon second est un nombre à deux chiffres.
Mon troisième est une coiffure.
Mon quatrième est fait de minutes.
Mon tout a un clavier.

Réponse : Ordinateur (or-dix-nattes-heure)

Pas vrai !

Mon premier n'est pas vrai.
Mon second est une négation.
Mon tout est l'ensemble des animaux du parc.

Réponse : Faune (faux-ne)

Pour les petits

Mon premier est la première syllabe de maman.
Mon deuxième est le contraire de lumineux.
Mon troisième permet à l'oiseau de voler.
Mon tout accueille les jeunes enfants.

Réponse : Maternelle (ma-terne-aile)

Voiture à bébé

Mon premier est dans les cheveux.
Mon deuxième est le chiffre après six.
Mon tout sert à transporter les bébés.

Réponse : Poussette (poux-sept)

In the rock

Mon premier est le contraire de vrai.
Mon deuxième protège l'œil.
Mon tout est dans la pierre.

Réponse : Fossile (faux-cils)

Quel oiseau ?

Mon premier est le contraire de dur.
Mon deuxième est une conjonction de coordination.
Mon troisième est la cinquième lettre de l'alphabet.
Mon tout est un oiseau.

Réponse : Mouette (Mou-et-e)

Si j'avais un…

Mon premier est l'endroit favori des canards.
Mon deuxième est le contraire de tard.
Mon tout enfonce le clou.

Réponse : Marteau (mare-tôt)

Il est souvent fort

Mon premier est un animal domestique.
Mon deuxième est le contraire de tard.
Mon tout est où vivaient les rois.

Réponse : Château (chat-tôt)

Avec des grandes oreilles

Mon premier est le féminin de *le*.
Mon deuxième, on le mange tous les matins.
Mon tout est un animal.

Réponse : Lapin (la-pain)

Il fait peur

Mon premier est un animal qui porte des bois.
Mon deuxième est un animal qui fait la roue.
Mon tout est un reptile.

Réponse : Serpent (cerf-paon)

La maison des clowns

Mon premier est un animal de compagnie familier.
Mon deuxième est la mamelle de la vache.
Mon troisième est le contraire de tard.
Mon tout est la maison du cirque.

Réponse : Chapiteau (chat-pis-tôt)

Monument célèbre

Mon premier est un oiseau bavard.
Mon second, c'est un rongeur.
Mon troisième fait grossir.
Mon quatrième est un nombre pair.
Mon tout est un monument d'Égypte !

Réponse : Pyramide (pie-rat-mie-deux)

Croa-croa

Mon premier est un instrument de musique à vent.
Mon second est le contraire de laid.
Mon tout est un oiseau noir…

Réponse : Corbeau (cor-beau)

La question est dans la réponse

Mon premier fait miaou.
Mon deuxième habite les égouts.
Mon troisième est compris entre 1 et 3.
Vous êtes en train de deviner mon tout.

Réponse : Charade (chat-rat-deux)

On adore !

Mon premier coule le long d'une bougie.
Les chiens remuent souvent mon deuxième.
Dans mon tout, on voit des clowns et des acrobates.

Réponse : Cirque (cire-queue)

Ça a deux jambes

Mon premier est un bruit qui accompagne un coup de feu.
Mon deuxième est parfois en sable, parfois en charbon.
Mon troisième est le contraire de court.
Mon tout est porté principalement par les garçons.

Réponse : Pantalon (pan-tas-long)

Le meilleur moment

Mon premier est la deuxième note de la gamme.
Mon deuxième sert pour écrire au tableau.
Mon troisième est la première lettre de l'alphabet.
En faisant mon quatrième, nous risquons de nous couper les doigts.
Mon tout est attendu avec impatience par les enfants à l'école.

Réponse : Récréation (ré-craie-a-scions).

Meuh c'est facile !

Mon premier se dirige quelque part.
Mon deuxième est la moitié d'un cheveu.
Mon tout vit à la ferme.

Réponse : Vache (va-che)

Dans le placard de la cuisine

Mon premier est une note de musique.
On se nourrit de mon deuxième.
Mon troisième attache.
Mon tout est indispensable pour faire du pain.

Réponse : Farine (fa-riz-nœud)

Boisson

Mon premier est une boisson.
Mon deuxième est une boisson.
Mon troisième est une boisson.
Mon tout est une boisson.

Réponse : Café au lait (café-eau-lait)

Les pieds dans l'eau

Mon premier est une partie du corps.
Mon deuxième n'est pas habillé.
Mon troisième éclaire.
Mon tout est une plante que l'on trouve dans les mares.

Réponse : Nénuphar (nez-nu-phare)

Et paf le chien !

Creuuuu

Tu connais l'histoire de Creu l'escargot ?
C'est un escargot qui se promène, arrive un piéton, et *creu* l'escargot.

Schtroumpf

Tu connais l'histoire de Schtroumpf le hamster ?
C'est la femme de ménage qui passe l'aspirateur, et *schtroooumpf* le hamster.

Bzz

Tu connais l'histoire de Bzz l'abeille ?
C'est une abeille qui se pose sur une ligne à haute tension, et *bzz* l'abeille.

Boum !

Tu connais l'histoire de Boum la tortue ?
C'est l'histoire d'une tortue qui se balade dans un champ de mines en Afghanistan, et *boum* la tortue.

Pff

Tu connais l'histoire de Pff le hérisson ?
C'est l'histoire d'un hérisson qui traverse la route. Une voiture surgit, et *pff* le pneu.

Couic-Couic

Tu connais l'histoire de Couic-Couic le canard ?
C'est l'histoire d'un canard sur une patinoire, et *couic-couic* le canard.

Malin !

Tu connais l'histoire de Malin le chien ?
C'est l'histoire d'un chien qui veut traverser la rue. Il regarde de chaque côté, voit qu'il n'y a pas de voiture et traverse. Malin le chien !

Poum

Tu connais l'histoire de Poum le lapin ?
C'est l'histoire d'un lapin dans la forêt. Arrive un chasseur, et *poum* le lapin.

Flip flap

Tu connais l'histoire de Flip Flap la girafe ?
C'est une girafe qui se promène et il y a un hélicoptère qui passe, et *flip flap* la girafe.

Grouik

Tu connais l'histoire de Grouik la grenouille ?
C'est une grenouille qui se promène, et il y a une voiture qui passe, et *grouik* la grenouille.

Fleuteupeu-Fleuteupeu

Tu connais l'histoire de Fleuteupeu-Fleuteupeu le dauphin ?
C'est un dauphin qui nage, un hors-bord passe, et *fleuteupeu-fleuteupeu* le dauphin.

Brouf

Tu connais l'histoire de Brouf le chevalier ?
C'est un chevalier qui se balade dans la forêt. Un dragon passe, et *brouf* le chevalier.

Boum l'éléphant

Tu connais l'histoire de Boum l'éléphant ?
C'est l'histoire d'un éléphant qui traverse la route. Une voiture surgit. Et *boum* la voiture.

purée

C'est l'histoire de deux pommes de terre. Une d'elles se fait écraser et l'autre s'écrie :
– Oh, purée !

Juju

Une orange et un citron traversent une route mais, soudain, une voiture écrase le citron et l'orange dit :
– Bon, tu te presses, Juju.

pouf

Tu connais l'histoire de Pouf le pouf ?
C'est un homme qui s'assoit sur un pouf, et *pouf* le pouf.

Complètement fou !

Les éléphants de Paris

En plein Paris, un fou pulvérise un produit en bombe. Un passant s'adresse à lui :

– Que faites-vous là ?

– Je viens d'inventer un produit pour éloigner les éléphants.

– Mais c'est stupide, il n'y a pas d'éléphant par ici !

– Alors, vous voyez bien : mon produit est efficace !

Le fou et son chien

Dans l'asile, un fou se promène avec une brosse à dents accrochée à une laisse pour chien. Le directeur le rencontre, et lui dit :

– Qu'il est beau votre chien !

– Ne faites pas l'idiot, vous voyez bien que c'est une brosse à dents !

Le directeur le libère, car il le croit guéri. Une fois dehors, le fou dit à la brosse à dents :

– Tu vois, Médor, on l'a bien eu !

Miroir, mon beau miroir...

Deux fous se promènent en ville. Un des deux fous ramasse un miroir et, en se regardant dedans, dit :
– Hé, je reconnais cette tête-là !
L'autre répond :
– Mais bien sûr, patate, c'est moi !

Papier glacé

Un fou regarde un magazine. Sur la couverture, il y a Lady Gaga qui sourit.
Alors, il dit à son ami :
– Tu as vu comme elle est contente de me voir !

Marée basse

Deux fous sont en vacances au bord de la mer pour la première fois. Ils vont sur la plage, c'est marée haute. L'un des deux a une idée :
– Et si on prenait de l'eau dans une bouteille comme souvenir ?
Ce qu'ils font. De retour l'après-midi sur la plage, c'est marée basse. Et l'un des fous dit :
– Ben, on n'est pas les seuls à avoir eu la même idée.

En avance !

Un fou court autour d'un arbre, poursuivi par un chien. Un médecin arrive et lui dit :
– Attention, il va vous rattraper !
Le fou lui répond :
– Ça m'étonnerait, j'ai dix tours d'avance…

Coup de fil

Un fou téléphone à un autre fou :
– Je suis bien au 01.02.03.04.05 ?
– Ah non ! Vous faites erreur, ici on n'a pas le téléphone.

C'est fou !

À quoi reconnaît-on un fou dans un magasin de chaussures ?
C'est le seul qui essaye les boîtes.

Les fous du vélo

Deux fous sont à la campagne. Ils font du vélo. Soudain, en pleine côte, l'un des deux descend et démonte son guidon, sa selle et les remonte à l'envers…
– Mais qu'est-ce que tu fais ? demande le fou à son copain.
– J'en ai marre. C'est trop difficile, je fais demi-tour.

La grande évasion

Deux fous montent un plan pour s'échapper de l'asile. Le premier dit :
– Il faut d'abord étudier la porte. Si elle est trop haute, on passe par-dessous, et si elle est trop basse, on passe par-dessus.
Le second fou court vers la sortie, puis revient, désespéré, et dit :
– On ne peut pas s'évader. Il n'y a pas de porte.

Sales petites bêtes

Un fou met de l'insecticide dans son bain. Un autre fou lui demande :

– Pourquoi mets-tu de l'insecticide ?

– Parce que j'ai des fourmis dans les jambes.

à l'école

Les cinq sens

La maîtresse interroge une petite fille :
– Connais-tu les cinq sens ?
– Oui, madame.
– Alors avec quoi sent-on ?
– Avec le nez.
– Avec quoi touche-t-on ?
– Avec le toucher.
– Avec quoi goûte-t-on ?
– Avec un pain au chocolat.

Chalet

L'institutrice interroge ses élèves :
– Savez-vous pourquoi les maisons des montagnards sont construites en bois ?
Silence général dans la classe. Puis la petite voix de Marion s'élève.
– Moi, madame, je sais, c'est parce qu'on garde les pierres pour construire les montagnes.

Méchante vanne

Dans la cour d'école, une petite fille très mignonne bavarde avec une autre petite fille très laide.
– Tu sais ce qu'il va t'arriver plus tard quand tu seras grande ? demande la jolie pimbêche.
– Non…
– Eh bien, rien !

Le prof en retraite

Un instituteur très sévère prend sa retraite. À l'annonce de cette nouvelle, l'un de ses élèves ne peut s'arrêter de pleurer, à tel point que son père le supplie de se taire en ces termes :
– Mon enfant, je sais que c'est triste, mais s'il te plaît, arrête de pleurer.
– Papa, répond son fils, s'il te plaît, laisse-moi pleurer de joie !!!

Pas facile à habiller

Un enfant en maternelle demande à sa maîtresse de l'aide pour mettre ses bottes et, en effet, elles sont vraiment dures à enfiler. Après avoir poussé, tiré, poussé et tiré dans tous les sens, la maîtresse réussit à chausser les bottes. Le gamin lui dit :

– Elles sont à l'envers, maîtresse !

Celle-ci attrape un coup de chaud quand elle s'aperçoit qu'en effet les bottes sont à l'envers... Bref, nouvelle galère pour les enlever... Et elle réussit à garder son calme jusqu'à ce que les bottes soient rechaussées aux bons pieds. Et le gamin lui dit :

– C'est pas mes bottes !

À ce moment, elle fait un gros effort pour ne pas lui mettre une baffe. Après avoir retiré les bottes, elle se calme et demande pourquoi il ne l'a pas dit avant.

Le gamin explique :

– Ce n'est pas mes bottes, c'est celles de mon frère, mais ma maman elle a dit que je dois les mettre.

Là, elle a envie de pleurer et entreprend de lui remettre ses bottes. Pour finir, elle le met debout, lui enfile son manteau, son cache-nez et demande :

– Où sont tes gants ?

Et lui de lui répondre :

– Ils sont dans mes bottes !

Mauvais carnet de notes

Une mère demande à son fils :
– Pourquoi tes notes sont devenues si mauvaises ?
– Parce que ma voisine a changé de place.

Mon papa à moi

– Quel est le métier de ton papa ? demande le prof.
– Moi, mon papa, il est pompeur.
– Ah ! Non ! On ne dit pas « pompeur », mais « pompiste » ! Et toi ?
– Moi, mon papa, il est livriste.
– Voyons ! on ne dit pas « livriste » mais « livreur » ! Et toi, Lucie, que fait ton papa ?
– Ben moi, maintenant, je ne sais plus si papa est mineur ou ministre !

Marrant le prof !

Un prof s'adresse à son élève :
– Léo, tu connais la différence entre le soleil et ton devoir de maths ?
– Non…
– Le soleil est un astre et ton devoir est un désastre !

Règle de trois

Une institutrice demande à la petite Charlotte :
– Charlotte, que sais-tu de la règle de trois ?
– Mais, madame, je ne peux pas savoir, je suis toute seule.

Coup de chance

Un prof interroge un élève :
– Cite-moi deux pronoms !
– Qui ? Moi ?
– Très bien !

Colle

Le prof dit à son élève :
– C'est la cinquième fois cette semaine que je te colle ! As-tu quelque chose à dire ?
– Ah oui, je suis content qu'on soit vendredi…

C'est la rentrée

Le jour de la rentrée, une maman réveille son fils :
– Allez, mon grand, debout, c'est la rentrée des classes.
– Non, je ne veux pas y aller, ils ne sont pas gentils avec moi, ils ne me font que des misères.
– Allons, répond la mère, c'est toi l'instituteur, quand même.

Apercevoir

L'institutrice regarde la dictée de Kevin et lui dit :
– Voyons, je t'ai dit mille fois qu'il y a un seul *p* à « apercevoir ».
– Oui, madame, mais je ne sais jamais lequel des deux enlever.

Ralentir, école

Deux enfants passent devant un panneau « Ralentir, école ».
– Tu te rends compte ! dit l'un, ils ne croient tout de même pas qu'on va y aller en courant !

Punition

Un petit écolier, qui rentre de l'école, dit à son père :
– La maîtresse a lu ta lettre où tu protestais parce qu'elle m'avait donné cent lignes à faire.
– Et qu'est-ce qu'elle a dit ?
– Que tu copies deux cents fois, pour demain, le mot « salutations », en l'écrivant, cette fois, avec un *t* et non pas avec deux *s*.

Dessine-moi un mouton

La maîtresse dit à son élève :
– Kevin ! Je t'ai dit de dessiner ton animal préféré ! Et tu n'as rien fait !
– Mais non, madame ! répond Kevin, j'ai dessiné mon chat noir en pleine nuit !

Oxygène

La maîtresse explique que l'oxygène a été découvert au XVIIIe siècle.
– Mais alors, l'interrompt la petite Charlotte, comment faisaient-ils avant pour respirer ?

Plus bas que zéro

La maman de Marion demande :
– Monsieur l'instituteur, pourquoi ma fille a-t-elle toujours des zéros ?
– Mais, madame, c'est parce qu'il n'y a pas de note plus basse !

Qui veut gagner des millions ?

– Écoutez, les enfants, dit le professeur, écrivez une belle rédaction sur ce que vous feriez si vous aviez 10 millions d'euros.
Tous les enfants se mettent hardiment au travail, sauf Kévin, qui regarde autour de lui en ayant l'air de s'ennuyer.
– Kévin, dit le professeur, au travail !
– Travailler, monsieur, avec 10 millions ?

Sujet, verbe, complément

La maîtresse demande à Léo :
– Dans la phrase « Le voleur est arrêté », où se trouve le sujet ?
– En prison, madame !

Cueillette de champignons

La directrice de l'école dit à une institutrice débutante :
– Mardi prochain, vous allez emmener vos élèves en forêt pour leur faire étudier les champignons. Croyez-en ma vieille expérience, marchez toujours en tête de votre petit groupe.
– Pourquoi ? demande la jeune maîtresse.
– Cela vous permettra d'écraser discrètement les espèces de champignons que vous ne connaissez pas, en évitant, ainsi, les questions gênantes.

Après une interro

Une maman interroge son fils à la sortie de l'école :
– Comment as-tu trouvé les questions de l'examen ?
– Les questions ? Aucun problème ! C'est avec les réponses que j'ai eu pas mal de difficultés !

Poulle

Un professeur demande au jeune Léo au fond de la classe :
– Léo, peux-tu épeler le mot poule ?
– Oui, m'sieur, c'est facile....
– Alors vas-y, je t'écoute.
– P-O-U-L-L-E.
– Mais bon sang ! Pourquoi mets-tu deux L ?
– Mais, m'sieur, parce que la poule a deux ailes.

Souvenirs de vacances

La maîtresse demande à un de ses élèves :
– Qu'as-tu fait pendant tes vacances ?
– Pas grand-chose, répond l'élève. En tout cas, sûrement pas de quoi faire une rédaction !

Tu aimes l'école ?

– Tu aimes aller à l'école ? demande la maman de Léo.
– Oui, mais c'est long entre les récréations !

Comme Dumbo

Un petit garçon se plaint à sa maman :
– Maman, à l'école, ils disent tous que j'ai des grandes oreilles !
– Mais non, mon lapin !

Tutoiement

Malgré les menaces de punition, un jeune garçon s'obstine à tutoyer son instituteur. Celui-ci, à bout de patience, lui donne à copier cinquante fois : « Je ne dois pas tutoyer mon instituteur. »

L'enfant revient le lendemain avec la punition.

– Pourquoi as-tu copié la phrase cent fois au lieu de cinquante ? s'étonne le maître.

– C'est pour te faire plaisir…

Bravo Franck !

La maîtresse interroge le petit Ribéry :

– Combien font 3 et 3 ?

– Match nul, maîtresse.

Dessiner c'est gagné

La maîtresse demande à la petite Chloé, 3 ans :
– Avec quelle main dessines-tu ?
– Avec la mienne, madame.

Le roi lion

Un instituteur donne un cours sur la faune africaine. Il demande aux élèves :
– Les enfants, qui est le roi des animaux ?
– C'est le lion ! répondent en chœur les enfants.
– C'est bien, et il ne craint qu'un seul animal, lequel ?
– La lionne ! répond le petit Kevin.

Le bêtisier des bulletins de notes

Élève brillant… par son absence.
Participe beaucoup… à la bonne ambiance de la classe.
En nette progression… vers le zéro absolu.
Se retourne parfois… pour regarder le tableau.

Complètement timbré !

Deux timbres discutent :
– Alors, comment s'est passée cette journée à l'école ?
– M'en parle pas, je me suis fait coller.

Ce serait plus simple

Une petite fille dit à sa mère :
– Maman, je voudrais vivre au Moyen Âge.
– Ah bon, pourquoi ?
– Comme ça, j'aurais moins d'histoire à apprendre !

Le bêtisier des élèves

Quel est le futur du verbe « je baille » ?
– Je dors, madame.

L'eau potable est celle...
Que l'on peut mettre dans un pot.

L’institutrice :
– Quand je dis « Je suis belle », quel temps est-ce ?
– Le passé, madame.

Les empereurs romains organisaient des combats de radiateurs…

Les fables de La Fontaine sont si anciennes qu’on ignore le nom de l’auteur…

Les peintres les plus célèbres sont Mickey l’ange et le homard de Vinci…

La terre rote sur elle-même…

Étoile filante

Le père de la petite Julia voit par la fenêtre une étoile filante, puis dit à sa fille :

– Regarde, Julia, une étoile filante ! Fais un vœu.

La petite répond :

– Je souhaiterais que Lyon devienne la capitale de la France avant que la maîtresse ne corrige notre devoir.

Son père demande :

– Pourquoi ?

– Tout simplement parce que sur la copie de mon contrôle, j'ai écrit que Lyon est la capitale de la France.

Ah, les
parents !

Où est la Chine ?

Un petit garçon demande à son père :
– Papa, où se trouve la Chine ?
– Demande à ta mère, c'est elle qui range tout !

Dans le ventre de maman

Le petit Kévin regarde sa maman enceinte et lui dit :
– Maman, dis-moi, pourquoi est-ce que tu as un gros ventre ?
– Ah, ça, c'est parce que papa m'a donné un petit bébé.
Il sort alors de la chambre et va retrouver son père pour lui demander :
– Papa, dis-moi, c'est vrai que tu as donné un petit bébé à maman ?
– Oui, mon petit, lui répond son père.
– Eh ben, maman, elle l'a mangé !!!

Mariage

– Maman, maman, dis-moi, pourquoi la mariée est habillée en blanc ?
– Parce que c'est le plus beau jour de sa vie, ma chérie.
– Bah alors, pourquoi le marié est habillé en noir ?

Nouvelles fraîches

– Maman, mon petit frère est en train de manger le journal !
– Ce n'est pas grave, répond la maman, je l'ai déjà lu !

Vantarde

– C'est vraiment incroyable : mon fils qui n'a que 3 ans sait dire son prénom aussi bien à l'endroit qu'à l'envers, dit une maman à son amie.
– Mais comment s'appelle ton fils ? demande alors son amie.
– Il s'appelle Bob !

Elles en tiennent une couche

Pourquoi les mamans blondes changent-elles la couche de leurs bébés une seule fois par mois ?
Parce que sur l'emballage, c'est indiqué jusqu'à « 9 kg » !

Joyeux anniversaire papa

C'est l'anniversaire du père de Kevin, et le papa demande à son fils :
– Ce qui me ferait le plus plaisir, Kevin, pour mon anniversaire, c'est que tu travailles bien à l'école.
– Trop tard, répond Kevin, je t'ai déjà acheté une cravate !

Il faut toujours écouter les enfants !

– Dis, papa, t'as vu la voiture ?
– Oui, oui.
– Dis, papa, t'as vu la moto ?
– Oui, oui.
– Dis, papa, t'as vu la dame ?
– Oui, oui.
– Dis, papa, t'as vu la…
– OUI ! s'énerve le papa.
– Alors, pourquoi tu as marché dedans ?

Dans le dictionnaire

– Maman, comment cherche-t-on un mot dans le dictionnaire ?
– Par exemple, tu cherches miel à M, et pour épinard…
– Je cherche à « aime pas ».

Papa araignée

Une petite araignée rentre de l'école et ferme la porte en entrant. Son père vient la voir et lui dit :
– Combien de fois faudra-t-il te dire de laisser la porte ouverte, les mouches ne peuvent pas entrer !

Une bonne méthode

Kevin dit à sa mère :
– J'ai eu une bonne note, tu veux la voir ?
– Non, c'est bon, je verrai ça plus tard.
– D'accord, mais il faut que tu signes ici.
– J'ai vraiment pas le temps, je le fais rapidement.
Son père demande à sa mère, un peu plus tard, ce qu'il y avait de marqué sur son carnet de notes et sa mère lui dit :
– Quand il fait ça, cela veut dire qu'il a eu une bonne note et, comme j'étais pressée, j'ai pas regardé.
Le lendemain, un copain de Kevin lui demande :
– Ils ont dû sacrément se fâcher tes parents, avec les notes que tu as eues ?
– Non, répond le petit, ma mère a signé sans rien regarder !

La maman du petit est demandée caisse centrale

Un enfant se perd dans un grand magasin. L'enfant demande à la caissière :
– Vous n'auriez pas vu une dame sans moi ?

C'est pourtant simple !

Sa maman demande à Léo :
– Pourquoi as-tu de si mauvaises notes ?
– Parce que ce n'est pas moi qui les mets !

Pas maline la maman

En rentrant de l'école, Marion dit à sa mère :
– La maîtresse nous a dit qu'il fallait trois moutons pour faire un pull.
– Ah ! dit la maman, je ne savais pas que les moutons pouvaient tricoter !

Comme papa !

Une petite fille vient de visiter une ferme. Elle dit à son père en rentrant à la maison :
– Papa, j'ai vu des cochons qui parlent comme toi quand tu dors !

Maman citron

Une maman citron dit à ses enfants :
– Pour vivre longtemps, il ne faut jamais être pressé !

Quel boulot !

Le professeur demande à un élève quel est le travail de son père. Il lui répond :
– Fonctionnaire.
Et ta mère ?
– Ben, elle ne fait rien non plus.

Pense à moi

Léo part en classe de neige. Sa maman lui dit :
– Tu penseras très fort à moi ?
– D'acc ! Et au cas où j'oublierais, j'y pense maintenant.

Caillou

Deux mamans discutent :
– Je viens d'avoir un enfant, dit l'une.
– Ah bon, et comment s'appelle-t-il ? reprend l'autre.
– Il s'appelle Caillou.
– Mais ce n'est pas un prénom, Caillou !
– Et alors, vous avez bien appelé le vôtre Pierre !

Pauvres voisins

Un petit garçon dit à son père :
– Les voisins doivent être vraiment très pauvres. Ils font tout un drame parce que leur bébé vient d'avaler une pièce de 5 centimes.

Ça fait peur !

Un enfant rentre de l'école. Sa mère demande :
– Où est ton carnet de notes ?
– Je l'ai prêté à une copine pour qu'elle fasse peur à ses parents !

Bac raté

Un lycéen, venant de complètement rater son bac, envoie un SMS à sa mère :
– J'ai loupé mon bac, prépare papa.
Au bout d'une minute, il reçoit un SMS :
– Papa préparé, prépare-toi !

Le Petit Robert

Une petite fille demande à sa maman :
– Il avait quel âge le petit Robert lorsqu'il a écrit son dictionnaire ?

Maman radine

Une maman attend le bus avec sa fille de 5 ans, lorsqu'elle lit sur une pancarte : « Gratuit pour les enfants de moins de 5 ans ». Elle dit alors à sa fille :

– Chérie, pour payer moins cher, tu diras que tu as 4 ans. C'est juste le temps du voyage.

La fillette hoche la tête et le bus arrive. La maman et sa fille montent, lorsque le chauffeur demande à l'enfant :

– Quel âge as-tu ?

– 4 ans, monsieur.

– Eh bien, tu fais plus grande. Quand auras-tu 5 ans ?

– À la sortie du bus.

Tout petit

– Dis, papa… c'est vrai que je suis petit ?

– Mais non, ce n'est pas parce que ta tête sent des pieds qu'il faut te sentir complexé !

La honte !

Une gamine sort de l'école, et s'engage sur le trottoir.
Arrive une voiture qui ralentit à sa hauteur, et qui se met à longer lentement le trottoir.
À son bord, un type tout seul.
Il se penche du côté passager et baisse la vitre de la portière.
– Eh, tu montes ?
– Nan !
– Mais si, allez, j'ai des bonbons...
– Nan !
– Bon, OK, si tu montes, je te file une place de cinéma.
– Nan !
– Mais enfin, tu veux quoi à la fin ?
– Papa, je t'ai déjà dit mille fois de ne jamais venir me chercher à l'école avec ta vieille voiture, c'est trop la honte !

Zavions

– Maman, maman, j'ai vu un zinc !
– On dit « avion », mon chéri.
– Ah bon, d'accord, maman, j'avion vu un zinc… !

privé de sortie !

Une maman dispute le jeune Gaspard :
– Puisque c'est ça, tu es privé de sortie !
– C'est d'accord, répond Gaspard, je ne vais pas à l'école.

presque chauve

Dans un autobus, un petit garçon demande :
– Dis, maman, pourquoi papa il n'a presque plus de cheveux ?
– Eh bien, répond la maman… heu… c'est parce que ton papa pense beaucoup.
– Ah ! bon ! répond le petit, songeur.
Et, tout à coup, il questionne :
– Mais dis, maman, pourquoi, toi, tu as tellement de cheveux ?
– Allez, coupe la mère, nerveusement. Lève-toi, c'est là qu'on descend.

Jeune pianiste

Une petite fille joue du piano dans le salon de sa maman.
– Qui a été son professeur ? demande un invité.
– Personne ! répond fièrement la maman, elle a appris toute seule !
– Alors cela fait toujours un coupable de moins, répond l'invité.

Papa, papa !!!

Un petit garçon demande à son père :
– Papa, papa, qui est-ce qui m'a donné mon intelligence ?
Son père lui répond :
– Ce doit être ta mère parce que j'ai encore la mienne, moi.

Tournez, manège

Une maman blonde installe son petit garçon dans une voiture d'un manège, et lui dit :
– Surtout, mon chéri, ne va pas trop vite !!!

Tout s'explique

Un père à son jeune fils :
– Vois-tu, mon petit, je vais t'apprendre quelque chose dont tu ne te doutes même pas !
– Quoi donc, papa ?
– Cette plaine sur laquelle nous nous promenons… Eh bien, il y a très, très longtemps, elle était entièrement recouverte par la mer…
– Ah oui !!!… Alors, c'est pour ça que j'ai trouvé plein de boîtes de sardines, quand on est venus ici la dernière fois !

Il n'a qu'un oeil

Une petite fille demande à sa maman :
– Maman, pourquoi la nuit n'a-t-elle qu'un seul œil ?
– Qu'est-ce que tu racontes ?
– Ben oui, insiste la petite, papa a dit qu'il n'a pas pu fermer l'œil de la nuit.

Debout !

Au beau milieu de la nuit, un petit garçon vient de faire un cauchemar.

– Rendors-toi vite, lui dit sa maman, et si tu te réveilles à nouveau, appelle vite maman, papa viendra vite voir ce que tu as.

Chaussures de danse

Une petite fille sort de l'Opéra où sa maman l'a emmenée assister pour la première fois de sa vie à un ballet.

– Tu as aimé ? demande la maman à sa petite fille.

– Oui beaucoup, maman, mais pourquoi ils ont pris des danseuses trop petites ?

– Trop petites ?

– Bah oui, t'as pas vu ? Elles se mettent toujours sur la pointe des pieds...

Sympa la petite !

Une petite fille réveille son papa le jour du 1er mai :
– Papa, papa ! C'est jour férié aujourd'hui, tu n'as pas besoin de te réveiller. Allez, dors, dors, papa.

Dans un igloo

Le soir pour endormir sa petite fille, une maman esquimau, bien au chaud dans son igloo, lui raconte une histoire :
– C'est alors qu'arrive le grand méchant loup, le Petit Chaperon rouge est obligé de se cacher dans un coin…
– Maman, c'est quoi ? l'interrompt la petite.
– Quoi, un loup ?
– Non, un coin.

Bébé sous la pluie

Un jour d'orage où la pluie tombe à verse, une jeune maman promène le landau dans le square du quartier.
Elle rencontre une voisine qui se précipite vers elle et regarde à l'intérieur du landau.
– Mais, s'exclame-t-elle, ton bébé est en plastique !
– Bah oui, répond la jeune maman, tu ne crois pas que j'allais sortir un nouveau-né par ce temps !

Les jumeaux

Une maman arrive dans un magasin de vêtements pour enfants et achète à ses jumeaux deux costumes identiques.
Les jumeaux essaient leurs nouveaux vêtements et la maman leur dit :
– Allez vous regarder dans la glace pour me dire s'ils vous plaisent.
– Pourquoi une glace, répondent les petits, on n'a qu'à se regarder l'un l'autre.

Joli prénom

La maman du petit Kevin attend l'arrivée du bus qui ramène son fils de colonie de vacances.
Elle le voit descendre, amaigri, en larmes.
– Mais qu'y a-t-il, Kevin ? ce n'était pas bien la plage ?
– C'était terrible, maman, répond Kevin entre deux sanglots. Tout cela à cause de toi !
– À cause de moi ?
– Oui, tu n'avais pas marqué mon prénom sur mes tee-shirts, du coup tout le monde m'appelait : « 50 % coton, 50 % polyester » !

J'ai soif !

Une maman est réveillée en pleine nuit par sa petite fille qui lui réclame à boire. Une heure plus tard, elle l'appelle à nouveau pour lui dire que c'est son nounours qui a soif.
À 2 heures du matin, c'est au tour de sa poupée d'avoir soif, et à 4 heures du matin, c'est celui de son poney en peluche.
À 5 heures du matin, la petite appelle une nouvelle fois sa maman, qui, exténuée, lui dit :
– Mais enfin ma puce, tout le monde a bu, qu'est-ce que tu veux encore ?
– Je me suis dit que toi, maintenant, tu voulais peut-être boire aussi…

Ça doit faire mal

Un petit garçon affolé va voir sa maman et lui dit :
– Maman, maman ! Le frigo est tombé !
– Eh bien, va le dire à ton père.
– Je crois qu'il le sait déjà, parce qu'il est sous le frigo.

Attention à la guêpe !

Un jeune garçon arrive à l'école avec la tête tout enflée, tous les enfants vont le voir :
– Ben, dis donc, qu'est-ce qui t'est arrivé ? T'en as une tête, aujourd'hui !
Le petit garçon répond :
– Ben c'est hier, j'étais dans mon jardin, et y avait une guêpe.
Les autres enfants se moquent de lui :
– Oh, l'autre, hé, n'importe quoi !!!! C'est pas une guêpe qui t'a fait une tête pareille !
– Ben non, c'est mon père, il avait une pelle.

Au supermarché

Pourquoi voit-on souvent les mamans blondes à quatre pattes dans les magasins ?
Réponse : Pour voir les prix les plus bas !

Ton père est vitrier ?

Que dit un vitrier à son fils pour qu'il reste sage ?
Tiens-toi à carreaux et t'auras une glace.

Les vêtements

Une maman dit à son petit garçon :
– Il faut changer de vêtements tous les jours parce que c'est sale.
Le petit garçon répond :
– Alors, les policiers sont sales !
– Pourquoi ? demande la maman.
– Parce qu'ils portent toujours les mêmes.

Chez le docteur

Abracadabra

Harry Potter arrive dans un cabinet de médecin et dit :
– Docteur, je ne comprends pas : à chaque fois que je dis « Abracadabra », les gens disparaissent... Docteur, docteur, où êtes-vous ?

Douillet !

Chez le dentiste :
– Aïe, aïe, aïe, hurle le patient.
– Mais je ne vous ai pas encore touché, répond le dentiste.
– Vous me marchez sur le pied.

Mal aux dents

Le roi souffre des dents. Son dentiste lui dit :
– Sire, il faudrait changer de couronne.
– Ah ça, jamais ! répond le roi.

Sortez de là !

Un petit garçon a avalé une souris. Au téléphone, le docteur dit :

– Mettez un bout de fromage devant sa bouche, la souris sera peut-être attirée.

Au bout de quelques minutes, le docteur arrive et voit le garçon avec une sardine dans la bouche.

– Mais je vous avais dit de mettre du fromage !

– Oui, mais maintenant, c'est le chat qu'il faut faire sortir !

Mauvais dentiste

Une patiente est venue se faire arracher une molaire chez le dentiste. Quand c'est terminé, elle tâte avec son doigt et s'écrie, furieuse :

– Mais vous en avez arraché deux ! Et aucune n'est la bonne !

Très calme, le dentiste lui répond :

– Calmez-vous, calmez-vous, je me rapproche peu à peu…

C'est grave, docteur ?

Une petite fille revient de l'école et dit à sa mère :

– Il faut que tu m'emmènes chez le docteur, ma maîtresse m'a dit de soigner mon écriture.

Attention à la fraise

Un petit garçon entre dans la cabinet du dentiste et celui-ci lui dit :
– Ouvre grand ta bouche pour que je puisse faire entrer la fraise !
– Vous savez, docteur, répond le petit, je n'ai jamais vraiment aimé les fruits !

Gris pâle

Le petit Léo a la grippe. Quand le docteur a fini de l'examiner, l'enfant lui demande :
– Docteur, je vous promets d'être courageux, dites-moi la vérité ! Quand dois-je retourner à l'école… ?

Grosse différence

Quelle est la différence entre un prof et un dentiste ?
Le dentiste te demande d'ouvrir la bouche et un prof de la fermer.

Chez le dentiste

Dans le cabinet du dentiste, la maman de Kevin essaie de raisonner son fils :
– Allons, Kevin, un peu de bonne volonté ! Le monsieur est gentil, il ne te veut pas de mal ! Alors, écoute-moi bien, tu vas ouvrir grand ta bouche pour que le docteur puisse enlever ses doigts !

Pas pratique

– Docteur, mon fils a du mal à marcher !
– C'est normal, répond le médecin, vous lui avez mis ses deux jambes dans la même jambe de pantalon !

Conseil de pédiatre

La maman du petit Léo est fatiguée. Elle trouve que son garçon est de plus en plus insupportable, alors elle demande l'avis d'un pédiatre :

– Que dois-je faire, docteur ?
– Eh bien, achetez-lui un vélo !
– Ah oui ? Et ça le rendra moins turbulent ?
– Non, mais au moins il ira jouer plus loin… !

Nain de jardin

Une femme accouche et s'aperçoit que son bébé est un nain de jardin. Elle crie au médecin :

– Docteur, je n'en veux pas !
– Mais pourquoi ? C'est votre bébé !
– Oui, mais je n'ai pas de jardin !

Tout est faux

Un patient paye son dentiste.
– Mais vous m'avez payé avec un faux billet ! dit le dentiste.
– Normal, vous m'avez mis une fausse dent !

Cours de parachutisme

Un moniteur de parachute dit à ses élèves :
– Sautez et visez la croix blanche ; si le parachute ne s'ouvre pas, visez la croix rouge. C'est l'infirmerie...

Tout drôle

Un clown se rend chez son médecin et lui dit :
– Docteur, je me sens tout drôle...

Le yeutiste !

Un petit garçon dit à sa mère :
– Maman ! J'ai mal aux yeux, il faut que tu m'amènes chez le yeutiste !
– Non, mon chéri, je vais t'emmener chez l'oculiste...
– Mais maman, c'est pas là que j'ai mal !

Points noirs

Une coccinelle va voir un docteur et lui demande :
– Vous n'auriez rien contre les points noirs ?

Le dentifrice

Un client revient chez le pharmacien.
– Votre dentifrice a un goût infect.
– Et alors ? De toute façon, vous le recrachez !

Ouvrez grand la bouche

Le dentiste demande au patient :
– De quel côté mangez-vous ?
– Du côté de la gare, mais je me demande bien ce que ça peut vous faire.

à table !

Cuisine italienne

Quelle partie de l'oiseau les Italiens aiment-ils manger ?
Les pattes.

C'est grillé !

Deux garçons au petit déjeuner :
– Oh non, le grille-pain est en panne.
– Zut, répond l'autre, je crois que pour tes tartines, c'est grillé !

Justin resto

Justin Bieber entre dans un restaurant et demande :
– Monsieur, est-ce que vous servez des nouilles, ici ?
– Bien sûr, monsieur, ici, on sert tout le monde !

C'est vrai ça !

Un petit garçon demande à son père :
– Papa, que mange-t-on à midi ?
– Du poisson pané.
Le petit garçon s'étonne :
– Mais on ne peut pas le manger puisqu'il n'est pas né !

T'as la frite ?

C'est l'histoire d'une frite qui va à la plage mais qui n'avait pas de mayo (maillot).

Je t'avais prévenu

Toto est à table avec sa mère et son père. Il dit à sa mère :
– Maman ! il...
– Chut, Toto, on ne parle pas à table.
À la fin du repas, la maman de Toto lui dit :
– Voilà, maintenant, tu peux parler.
– Trop tard, je voulais te dire qu'il y avait un asticot dans ta salade...

Le frigo de la star est vide

Que dit Rihanna lorsqu'elle a faim ?
– Zut, y a Rihanna manger !

Bolognaise

Quel est le point commun entre un robot et des spaghettis ?
Ils sont tous les deux aux tomates (automate).

Le prénom de mon papa

La maîtresse demande le prénom de chaque papa de ses élèves.
Elle interroge Kevin et demande le nom de son père. Il répond :
– Mon père s'appelle David.
Elle interroge une fille et elle lui répond :
– Le mien s'appelle Jean, madame.
Puis une autre lève le doigt et dit :
– Moi, il s'appelle Philippe.
Puis elle interroge Toto qui ne sait pas comment son père se prénomme ! La maîtresse insiste :
– Mais Toto, quand on l'appelle à la maison, on dit bien son prénom.
Et Toto se rappelle enfin et dit :
– Ah oui ! Son prénom c'est « À table ».

Y a un pépin !

Qu'est-ce qui n'est pas un steak ?
Une pastèque.

Cannibales

Deux cannibales sont en train de manger un clown. L'un des deux se tourne vers l'autre et lui dit :
– Tu ne trouves pas qu'il a un drôle de goût ?

Guimauve

Savez-vous ce qui est arrivé au garçon qui rêvait de manger une guimauve géante ?
Quand il s'est réveillé, son oreiller avait disparu.

Dino burger

Un client s'approche d'une sandwicherie :
– Auriez-vous un sandwich au dinosaure, s'il vous plaît ?
– Ah non, je suis vraiment désolé ! Nous n'avons plus de pain !

Jus de tomate

Deux tomates traversent la route.
L'une d'elles se fait écraser.
L'autre tomate lui dit :
– Hé, tu viens, ketchup ?

Il est amoureux !

Le petit Maxime est amoureux de sa voisine de classe et se confie à son copain :

– Je l'aime tellement que le matin je ne mange rien ! Le midi, au déjeuner, c'est pareil, je ne mange rien ! Le soir, pour le dîner, même chose, je ne mange rien ! Et la nuit, impossible de dormir !

– Ah oui ? Pourquoi ?

– Parce que j'ai trop faim !

La pizza

Dans une pizzeria, une maman blonde commande une pizza aux quatre fromages.

Le serveur lui demande :

– Je vous la coupe en six ou en douze ?

– En six, voyons ! Je ne serais jamais capable de manger douze morceaux !

privé de…

Un jeune dromadaire est insupportable. Sa maman, ne sachant pas comment en venir à bout, emploie les grands moyens et lui dit :

– Si tu n'es pas sage, tu seras privé de désert !

Comme Popeye

Une maman essaie de faire manger des épinards à son fils.

– Allez, mange des épinards, comme ça tu vas devenir beau et fort.

– Ah oui ! répond le gamin, alors pourquoi tu n'en donnes pas à papa !

Patience

Deux escargots se baladent en ville, le premier demande :

– Si on allait manger des cerises ?

– Mais on est en hiver ?

– Ben oui, mais le temps qu'on arrive...

Flop chef

À l'école, l'instituteur demande :

– Si je coupe une pomme en six, qu'est-ce que j'ai ?

Kevin répond :

– Une compote, m'sieur !

Crème renversante

Dans une auberge, un client hèle le patron :
– Alors aubergiste, cette crème renversée, elle arrive ?
– Oui, on la ramasse, monsieur, on la ramasse.

Cru

À quelle heure mangerons-nous notre steack haché ?
Tard, tard !

Attention à l'addition

Pourquoi il ne faut pas aller dans un restaurant près de la mer ?
Parce que la note est trop salée !

Famille 2.0

Des parents écrivent un e-mail à leur fils :

Cher Kevin,
Comment vas-tu ? Ta mère et moi, nous nous portons à merveille.
Tu nous manques ! Déconnecte-toi et descends manger, s'il te plaît.
Signé : tes parents.

L'emballage

Pourquoi les bananes sont-elles tordues ?
Pour rentrer dans les pelures.

Les copains

Le pari

Un jeune garçon sonne chez un copain et lui dit :
– Je te parie 10 euros que tu ne peux pas deviner pourquoi je suis venu te voir !
L'autre répond :
– Tu es venu pour m'emprunter de l'argent.
– Tu as perdu ! Tu me dois 10 euros...

Menteur !

À l'école dans la cour de récréation, Fred dit à Kevin :
– Tu as reçu le mot que je t'ai fait passer ?
– Celui où tu disais que je devais rembourser ta console que j'ai perdue ?
– Oui.
– Non, je ne l'ai pas reçu.

Un peu de galanterie

Une petite fille demande à un garçon de son immeuble :
– Peux-tu m'ouvrir la porte ?
– Oui, mais demain je ne serai pas là, je pars au ski.
– Pas de problème, répond la petite, demain la peinture sera sèche !

Jeu de mots

Deux copains discutent :
– Dis-moi un jeu de mots !
– OK, le Scrabble !

Pas très malin

Kevin dit à son copain :
– Si tu me dis combien de caramels j'ai dans la main, je te les donne tous les deux.

La bonne et la mauvaise

Deux copains discutent :
– J'ai une bonne et une mauvaise nouvelle.
– Bah, commence par la mauvaise…
– La mauvaise nouvelle, c'est que j'ai oublié la bonne !

Blague de fille

Pourquoi les garçons sifflent-elles mieux que les filles ?
Parce qu'ils ont une cervelle d'oiseau !

Le même rêve

Deux enfants se racontent leurs rêves secrets :
– Moi, je rêve de gagner 20 millions au Loto, comme papa !
– Ton père a gagné 20 millions au Loto ?
– Non ! Mais il en rêve aussi !

Frères *et* sœurs

À la maternité

Un enfant va avec son père à l'hôpital pour voir sa mère qui a accouché.
Quand ils arrivent, l'enfant remarque que son petit frère a un bracelet autour de la main.
Le petit dit à son père :
– Papa! Papa! Ils ont oublié d'enlever le prix !

Ils sont amoureux !

Un petit garçon dit à une petite fille :
– Tu m'épouseras quand on sera plus vieux ?
– Je ne peux pas, répond la petite fille, car chez nous on ne se marie que dans la famille. Ma mère a épousé mon père, ma grand-mère a épousé mon grand-père et ma sœur a épousé mon beau-frère !

Une grande famille

Deux copains discutent dans la cour d'école :
– Tu as combien de frères ? demande le premier.
– J'en ai un.
– C'est bizarre, ta sœur m'a dit qu'elle en avait deux !

La famille fantôme

Un fantôme rencontre un ami fantôme :
– Tu as perdu un mouchoir derrière toi !
– Mais non, c'est mon petit frère !

Petit frère

Une maman vient d'avoir un deuxième bébé.
La nuit, il se met à pleurer. La maman se lève alors et dit :
– Il va falloir que j'aille le changer.
Le petit frère, entendant cela, s'adresse alors à la maman :
– Oh oui, change-le et prends-en un autre qui pleure moins.

Nouveau venu

Les parents de Kevin discutent du nouveau bébé qui vient d'arriver dans la famille…
La maison est devenue trop petite pour quatre personnes et ils songent à déménager.
Le petit écoute la conversation des adultes sans rien dire et puis, finalement, il n'y tient plus et leur dit :
– De toute façon, ça ne sert à rien de déménager à cause du bébé, il va nous suivre.

C'est pas juste !

Dans la rue, un petit garçon pleure toutes les larmes de son corps.
Une voisine, émue, s'approche de lui pour voir ce qui ne va pas :
– Que t'arrive-t-il, mon petit ?
– C'est mon grand frère... répond le petit en pleurant.
– Quoi, ton grand frère ?
– Eh bien, mon grand-frère, il a des vacances et moi pas... sanglote le petit.
– Mais ce n'est pas juste ! s'énerve la voisine. Tes parents ne sont vraiment pas gentils ! Pourquoi lui est en vacances et pas toi ?
– Parce que, lui, répond le petit, il va à l'école et moi pas encore...

Dispute familiale

Kevin et sa sœur se disputent :
– Tu es un âne !
– Tête de cochon !
– Espèce de dinde !
Leur mère arrive et crie :
– Oh, la ferme !